CONTRA-BASS

ISLAMISCHE KULTUR IN EUROPA

711 begann der Einfluss islamischer Kultur in Spanien.

738 entwarf der Kalif der Provence die Große Moschee in Marseille. 1721 erschienen die Persischen Briefe von Montesquieu zum Lobpreis der islamischen Kultur. Ursächlich war die arabische Hochkultur, die sich auf abendländischem Boden entfaltete und trotz Kreuzzügen und Inquisition nicht aufzuhalten war. Dazwischen liegt ein Jahrtausend des blutigen Abwehrkampfes im Namen des Christentums.

2011 ist der Islam seit 1300 Jahren auf europäischem Boden und wird erneut verfemt. Der Antisemitismus wird von Populisten durch den Anti-Islamismus ersetzt. Eifernde Islam-Kritiker tragen zum Zerrbild bei. Der Islam hat die abendländische Kultur nachhaltig und positiv beeinflusst. Wir verdanken ihm die kulturelle Blütezeit im Mittelalter auf der iberischen Halbinsel und auf Sizilien. Sie hat die Entwicklung der italienischen Stadtstaaten und die Entstehung der bürgerlichen Gesellschaft im europäischen Mittelmeerraum, aber auch der Hanse im nördlichen Europa bewirkt.

Als Renaissance hat sich das Abendland diese neue Zeit zu Unrecht auf die eigenen Fahnen geschrieben. Die militärische Niederlage des Osmanischen Reichs vor Wien 1683 hat das Vordringen islamischer Kultur nicht verhindert, sondern gefördert. Die äußere Bedrohung fiel fort, so dass sich Europa öffnete. Im 18. Jahrhundert, dem Zeitalter der Aufklärung, wurde die christliche Leitkultur entscheidend geschwächt. Mit ihr verloren Adel und Kirchen ihre Vormacht. Die neue Gesellschaft konnte sich entfalten, auch wenn die Religionen bis heute ihren Einfluss verteidigen, im Zweifelsfall auch mit dem Schwert.

Gerd Stange ist Romanist und Linguist, er lebt seit 1997 in der Provence und in Hamburg. Sein historisches Interesse gilt besonders der kulturellen Blütezeit Südfrankreichs im Mittelalter.

1. Auflage 2011
Ausstattung, Herstellung und ©:
Literarischer Verlag Edition Contra-Bass UG Hamburg
Homepage: www.contra-bass.de
E-mail: contra-bass@orange.fr
Druck + Einband: Centre Littéraire d'Impression Provençal, Marseille

ISBN 978-3-943446-05-0
Alle Rechte vorbehalten

GERD STANGE

ISLAMISCHE KULTUR IN EUROPA

DIE RENAISSANCE-LÜGE
UND
DER TAUSENDJÄHRIGE KRIEG
GEGEN DIE VERNUNFT

Essay

PPPP

Philosophie Pädagogik Politik Psychologie

Wir geben in unregelmäßigen Abständen **Sachbücher PPPP** heraus, die sich gründlich und fundiert in essayistischer Form mit wichtigen Themen aus folgenden Bereichen befassen:

P

In der **Pädagogik** interessieren uns Ansätze emanzipatorischer Erzählung, Auseinandersetzungen über Kindergärten und Schulen, in denen es um die Entwicklung von Individualität, Eigenständigkeit und kollektiver Verantwortung geht.

P

In der **Politik** beschäftigen wir uns mit solidarischer Ökonomie, die das Gleichgewicht zwischen Individuum und Kollektiv und Wege aus dem Wachstumshemmenden sucht, sowie mit Ansätzen basisdemokratischer Strukturen, die der Herrschaft über Menschen die Stirn bieten.

P

Wir unterstützen eine **Philosophie**, die sich mit den Grundbedürfnissen des Menschen und des gesellschaftlichen Zusammenlebens beschäftigt und sich unabhängig versteht von herrschenden Eitelkeiten und ökonomischen Interessen.

P

In der **Psychologie und Psychotherapie** setzen wir uns mit einer körperorientierten, ganzheitlichen Theorie und Praxis auseinander, die nicht die konfliktlose Wiedereingliederung ins Bestehende zum Ziel hat.

Umschlagfoto: Christliche Kathedrale in Puy-en-Velay/Frankreich
Verlagsarchiv

So kann ich dir versichern, dass es noch nie ein Königreich gab, in dem es so viele Bürgerkriege gab wie in dem des Christus.

Jene, die einen neuen Vorschlag öffentlich machen, werden erst einmal Häretiker genannt.

Montesquieu, Persische Briefe, 1721

INHALT

Europäische Kultur	8-19
Die Erfindung der Renaissance aus dem Christentum	20-22
Schock der Kulturen: Orient gegen Okzident	23-26
Was ist der Orient?	27-28
Ein Gespenst geht um in Europa: der Islam	29-33
Europäische Gründungsmythologie	34-42
Weltbilder	43-49
Christliche Leitkultur	50-53
Jüdische Leidkultur	54-58
Islam und Christentum	59-66
Der tausendjährige Krieg zwischen Ost und West	67-77
Kreuzzüge gegen den Orient	78-82
Europa kommt aus dem Mittelmeer	83-90
Griechenland	91-95
Römisches Imperium	96-98
Westgoten, Franken und Araber	99-102
Italienische Stadtrepubliken	103-104
Hanse	105-106
Renaissance – die Geburt des Abendlandes aus der Lüge	107-125
Das christliche Königreich Toledo	126-129
Reconquista – Rückeroberung	130-133
Islamische Kultur in Europa: Iberische Halbinsel	134-145
Islamische Kultur in Europa: Sizilien	146-148
Fanatismus	149-150
Literaturhinweise	151-152

Wir Araber sind nicht faul. Wir nehmen uns nur Zeit zum Leben.
Die Menschen im Westen sind da anders. Für sie gilt, Zeit ist Geld.
Für uns hat die Zeit keinen Preis.
Uns reicht ein Glas Tee zum Glück,
während ihnen kein Glück reicht.
Yasmina Khadra, Die Schuld des Tages an die Nacht

EUROPÄISCHE KULTUR

Im Süden Frankreichs nahe dem Mittelmeer, in der Provence und im Languedoc, gibt es Namen und Ortsbezeichnungen, die den deutschen Wanderer erstaunen und schwer zu verstehen sind. Sie führen in eine weit entfernte und verdrängte Vergangenheit. Die Kastanienwälder an der Côte d'Azur im Hinterland von Saint Tropez zum Beispiel heißen Massiv der Mauren. Man erfährt erstaunt, dass sich Kaiser Barbarossa in dem Städtchen Arles krönen ließ, weil es zu seinem Reich gehörte. Deutschland gab es damals nicht, aber das Heilige Römische Reich Deutscher Nation hatte Niederlassungen am Mittelmeer.

MASSIF DES MAURES

An der Côte d'Azur nahe Saint Tropez liegt der Ort La Garde Freinet in einem 60 km langen Bergmassiv voller Kastanienwälder, das fast ein Jahrhundert lang in der Hand von Mauren war.

888 oder 889 landete ein Schiff mit 20 maurischen Piraten an Bord an der provenzalischen Küste bei Saint Tropez, die sich dort verschanzten und einheimische Frauen erbeuteten, so wird erzählt. Sie waren erfolgreich und entwickelten schnell eine befestigte Siedlung namens Fraxinetum (dem heutigen La Garde Freinet), deren Attraktivität so groß wurde, dass das arabische Kalifat von Cordoba etwa ab 940 daraus ein eigenes Handelskontor machte und sich immer mehr Menschen dort ansiedelten. Holz und Sklavenhandel waren die Haupthandelswaren neben dem Raubgut aus Beutezügen. Von Fraxinetum aus kontrollierten sie nicht nur die Küste und kaperten regelmäßig christliche Handelsschiffe, sondern auch das Hinterland bis ins nördliche Burgund bei Lyon, in den italienischen Piemont auf der östlichen Alpenseite und nach Savoyen in die Schweiz. Überall bauten sie Festungen und Wachtürme, deren Reste bis heute zu sehen sind. Von dort aus überfielen die Mauren christliche Handelskarawanen und machten reiche Beute. 973 wurden die Mauren aus Djabal al-Kilal (so der arabische Name) wieder vertrieben und nur einige wenige blieben. Auf der Internetseite von La Garde Freinet lesen wir:

"Seules restèrent quelques familles qui devinrent chrétiennes et firent souche. Le souvenir même de l'occupant fut rapidement banni, toute marque de son passage effacée. L'établissement sarrasin avait, dans le monde arabe, une place importante. On venait d'Espagne s'y approvisionner en bois et métaux précieux, de lui ne restera qu'une hypothétique histoire."

Nur einige Familien blieben, die christlich wurden und Wurzeln schlugen. Sogar die Erinnerung an den Besatzer wurde schnellstens verbannt, jedes Anzeichen seiner vorübergehenden Anwesenheit ausgelöscht. Die sarazenische Niederlassung hatte in der arabischen Welt einen bedeutenden Platz. Man kam aus Spanien, um sich mit Holz und kostbaren Metallen zu versorgen. Von ihr bleibt nur eine hypothetische Geschichte. (Übersetzung G.St.)

In der Nähe von Avignon gibt es einen Ort namens Maurenfels und in der Hügelkette 'Dentelles de Montmirail' einen Sarazenenturm. Nachdem die Mauren dort ein Jahrhundert lang herrschten, gelang es also doch nicht ganz, alle Spuren auszulöschen.

Ähnlich lief es auch im Languedoc Richtung Pyrenäen. Im Reiseführer kann man lesen, dass vor 1200 Jahren Karl der Große vergeblich die imposante Festung Carcassonne belagerte, weil sie von einer klugen Araberin beherrscht wurde, die den ungebildeten Kriegsführer Karl mit einer List vertrieb. Was also haben die Araber-Mauren-Sarazenen-Moslems dort am Mittelmeer und in seinem Hinterland getrieben, dass sie bis heute namentlich auffindbar sind, aber die christlichen Herrscher und ihre Nachfolger bis hin zu den touristischen Prospekten alles getan haben, die Spuren zu verwischen?!

SARAZENEN UND ARABER

Die Sarazenen waren schon im Altertum ein Volksstamm auf der arabischen Halbinsel, aber nur einer von mehreren. Im Mittelalter wurde es üblich, alle Muslime als Sarazenen zu bezeichnen, wobei der Begriff eine negative Bewertung hat. Vor Sarazenen hatte man Angst. Im üblichen Sprachgebrauch auch bei Historikern wird nicht unterschieden zwischen: Sarazenen, Mauren, Moslems, Arabern, Berbern. Gemeinsam ist ihnen der islamische Glaube, der jedoch in verschiedene Richtungen zerfällt, die sich oft aufs Messer bekämpfen. So wie umgekehrt aus islamischer Sicht die christlichen Invasoren aus Europa jahrhundertlang ohne Unterscheidung als Franken bezeichnet wurden. Auch dort wurde ein kleiner Teil für das Ganze genommen.

MAUREN UND BERBER

Im Griechischen bedeutet 'mauros' dunkel. Die in Nordafrika lebenden Stämme der dort heimischen Berber wurden Mauren genannt, obwohl sie im Vergleich zu den Arabern oftmals hellhäutig sind. Sie wurden seit dem 7. Jahrhundert von den Arabern islamisiert, wobei die Eroberer nur den Küstenstreifen besetzten. Noch heute leben im Atlas-Gebirge, im Hinterland Marokkos, Berber, die ihre eigene Kultur haben. Ursprünglich waren es verschiedene nomadische Stäm-

me. Die islamischen Eroberer der iberischen Halbinsel waren in der Mehrheit keine Araber, dafür waren sie auch nicht zahlreich genug, sondern Berber (überwiegend nomadische Stämme), die dementsprechend ihre jeweils eigene Version des Islams entwickelten, die sehr totalitäre Züge annehmen konnte. Das beschreibt der ägyptische Regisseur Youssef Chahine in seinem Spielfilm 'Das Schicksal' sehr eindrucksvoll, in dem er die damalige wie heutige Radikalisierung fundamentalistischer Strömungen angreift. General Franco konnte sich in seinem Putsch gegen die Republik 1936 auf Mauren stützen: 'los moros'. Das Land Mauretanien ist nach ihnen benannt.

Die Erforschung Südfrankreichs kann den Blick auf die Geschichte Europas verändern. Es geht im Folgenden darum, sie neu zu belichten – aber nicht mehr aus der Sicht der Sieger:

Die französischen Könige haben ein Zentralreich vom Norden des Landes her errichtet, das fast alle Spuren der Hochkultur im Süden gelöscht hat. Erst vor wenigen Jahrzehnten wurde bekannt, dass die kulturelle und religiöse Gemeinschaft der Katharer mit dem Feuer der Inquisition und dem Schwert der christlichen Ritter ausgerottet wurde. Nicht ganz so spurlos sind die Waldenser aus Frankreich verschwunden, sie konnten sich nach Deutschland, Österreich, Italien und in die Schweiz retten, wo einige überlebten und die neue Kultur rasch verbreiteten. Zwei Jahrhunderte lang waren diese Gemeinschaften dominierend. Ausschließlich die Folterprotokolle der Inquisition geben noch über sie Auskunft, weil sie als Ketzer verfolgt, verfemt und ausgerottet wurden. Doch die Katharer verstanden sich als christlich, während die eigentlichen Urheber der mittelalterlichen Hochkultur in Europa bis heute verschwiegen werden, weil es Mohammedaner aus dem Orient waren. Sie waren dem Okzident kulturell überlegen.

Die europäische Kultur grenzt sich von der orientalischen ab, indem sie sich auf besondere Wurzeln beruft. Sie behauptet, ihre Wurzeln seien

die griechisch-römische Antike

die Renaissance

die Aufklärung.

Mit Griechenland verbinden wir die städtischen Republiken mit ihrem Anspruch auf Demokratie, mit kultureller Vielfalt, Schulen, Kultur und Wissenschaften von der Philosophie bis zur Medizin, von der Chemie bis zur Mathematik, mit handwerklicher und künstlerischer Größe, die noch immer unsere Bewunderung erregt. Das Römische Reich knüpfte an diese Größe an und entwickelte vor allem Architektur, Stadt- und Straßenbau. Es gab Wasserspülung und Kanalisation im antiken Rom, während Nordeuropa erst am Beginn des 20. Jahrhunderts diesen zivilisatorischen Stand erreichte. Nachdem Griechenland und Rom das Mittelmeer beherrscht hatten, begann der Zerfall dieser zentralen Macht. Europa wurde zu einem feudalistischen Agrarland. Der Kulturverfall war so krass, dass nur noch gut verschlossen in Klosterbibliotheken einige klassische Bücher erhalten blieben. Umberto Eco hat in seinem Roman 'Der Name der Rose' meisterhaft beschrieben, wie im Mittelalter Wissen und kirchliche Macht zusammenhingen. Das Bilderverbot aus dem Alten Testament wurde durchgesetzt. Es wurde nur noch allegorisch zu biblischen Themen gemalt.

BILDERVERBOT

Es existiert in allen drei Religionen, die sich auf die Bibel berufen, und verbietet bildliche Darstellungen von Gott, um sich von Religionen abzugrenzen, die viele Götter haben und deren Darstellung verehren. Das Verbot richtete sich manchmal gegen jegliche bildliche Darstellung oder nur gegen solche, die einen Schatten werfen (Skulpturen). In der griechisch-orthodoxen Kirche gab es vor 1200 Jahren einen langen politischen Streit um das Bilderverbot. Im Koran gibt es kein solches Verbot, und doch existiert es im Islam unterschiedlich stark ausgeprägt (besonders im religiösen Bereich) auf Grund angeblicher Äußerungen Mohammeds, die einige Jahrhunderte nach seinem Tod von verschiedenen Autoren aufgeschrieben wurden. Spannend zu lesen ist in diesem Zusammenhang das Buch 'Rot ist mein Name' des Nobelpreisträgers Orhan Pamuk aus der Türkei. Es spielt 1591 in Istanbul.

Rom verkümmerte zu einem größeren Dorf, der römische Kaiser zog nach Byzanz um, nannte diese Stadt Konstantinopel, konvertierte zum Christentum und beherrschte sein Reich vorübergehend aus dem griechischen Einflussbereich. Die Ohnmacht des römischen Reichs in Italien gipfelte fast tausend Jahre später in der Flucht der römischen Päpste nach Avignon. Praktisch das gesamte 14. Jahrhundert herrschten die römischen Päpste mit französischer Unterstützung in der Provence, aber nicht in Rom. Die tausendjährige Zwischenzeit vom Zerfall des Römischen Reiches bis zum Wiederaufstieg in der Neuzeit wurde üblicherweise als 'finsteres Mittelalter' abgetan und lange Zeit nicht weiter erforscht.

Viele provenzalische Städte schufen sich im 11. und 12. Jahrhundert eigene Rechtssysteme neben denen der Kirche und des Adels. Die Städte gewannen an Bedeutung, eine bürgerliche Schicht entstand, die sich ihre

Repräsentanten wählte (man nannte sie Konsuln) und Industrie- und Handelsunternehmen aufbaute. In Arles gibt es eine steinerne Bank vor einem gotischen Palast, die ziemlich abgesessen ist. Man sitzt dort höher als die Passanten auf der Straße. Eine kleine Tafel gibt den Hinweis: 'Hier sprachen die Konsuln im Mittelalter Recht.' Diese Unabhängigkeit und Freiheit gab Juden das Stadtrecht selbst dann noch, als Avignon, Carpentras und andere Städte unter die Oberherrschaft des römischen Papstes fielen.

Erst im 16. Jahrhundert erreichten die katholischen Päpste neue Größe, indem sie sich zu Parteigängern der Modernisierung machten. Seit dem 19. Jahrhundert nennt man diese Modernisierung die Epoche der Renaissance. Sie wurde verbunden mit dem Namen der Medici, einer Kaufmannsfamilie aus Florenz, die als Renaissance-Päpste in die Geschichte eingingen. Eigentlich bezeichnet Renaissance heute die Ent-Fesselung aller Künste und Wissenschaften, die Befreiung von religiöser Bevormundung, die Säkularisierung gesellschaftlichen Lebens und die Entfaltung städtischer Kultur. Das waren jedoch kaum die Ziele der Medici und noch weniger der römisch-katholischen Kirche. Eine tolerantere Haltung zur Modernisierung fand sich bei den Anhängern der Reformation, die von Katharina, einer weiteren Medici-Fürstin, in Frankreich gnadenlos verfolgt wurden. Die Gegenreformation war in Südeuropa schließlich erfolgreich, die 'neue' Welt in Amerika und Afrika wurde mit katholischem Segen erobert, Millionen von Sklaven verschifft, der Machtbereich Roms ausgedehnt – und die Bedeutung des Mittelmeerraums nahm ab. Der blutige Kampf gegen die Reformation im 30-jährigen Krieg und in der Hugenottenverfolgung konnte nicht verhindern, dass sich die 'Neue Zeit' durchsetzte.

1721 begann das Jahrhundert der Aufklärung mit der Veröffentlichung der ‚Persischen Briefe' von Montesquieu, die Europas Kultur ein vernichtendes Zeugnis aussprachen, indem sie einen Vergleich mit dem islamischen Persien zogen.

Die Aufklärung wird im Französischen als Jahrhundert der Lichter bezeichnet. Sie gilt als ein Unterscheidungskriterium zwischen Orient und Okzident. Es ist allerdings das 18. Jahrhundert, in dem der totalitäre absolutistische Staat unter Ludwig XIV. in Frankreich zur höchsten Blüte kam und mit der Hugenottenverfolgung ein neues Kapitel blutiger Religionskriege schrieb. In dem zum Glück endlich am Ende des Jahrhunderts dieser Staat in der französischen Revolution 1789 kollabierte und die Entwicklung zum modernen Staatswesen vorantrieb. Die offizielle europäische Geschichtsschreibung hat folgende Erklärung:

Am Anfang standen hundert Jahre zuvor politisch-philosophische Thesen von Thomas Hobbes (1588-1679), der als einer der ersten 'Aufklärer' gilt. Er forderte einen Gesellschaftsvertrag, in dem das Gewaltmonopol an den Staat geht und ein Souverän dem Staat vorsteht, der nicht notwendigerweise König, aber mächtig sein muss. Hobbes hatte Sympathien für die Beschneidung aller Freiheiten, um dem Unfrieden ein Ende zu bereiten.

In der sogenannten Glorreichen Revolution in England (1688/89) wurde der Absolutismus, die Hierarchie des Feudaladels, abgeschafft und der Parlamentarismus beschlossen. Die 'Bill of rights', das Gesetz über Rechte, verankerte das neue Rechtssystem, in dem das Parlament zum Souverän erklärt wurde. Es schuf staatliche Strukturen, die Machtwechsel friedlicher gestalten sollten und Beteiligungsmöglichkeiten der Bürger boten. Das Wohl aller Bürger, das Gemeinwohl, wurde zum Ziel staatlichen Handelns erklärt. Die Gewaltenteilung in Legislative, Judikative und Exekutive wurde beschlossen. Der Gedanke eines Gesellschaftsvertrages, die Idee des heutigen Verfassungsstaates und einer internationalen zwischenstaatlichen Verständigung kamen auf. Modelle einer Europäischen Union wurden erstmals diskutiert. Diese Ideen pflanzten sich in Europa fort und übersprangen das Meer bis in die Kolonien. 1776 formulierte Thomas Jefferson für die USA die Menschenrechte, die in die Verfassung eingingen (1787). Die Französische Revolution führte sie fort in ihrer Verfassung von 1791 mit der Erklärung der Menschen- und Bürgerrechte.

Die Errungenschaft der von Hobbes hundert Jahre zuvor in England in Gang gesetzten Debatte war die Neudefinition des Menschen als von Natur aus mit Rechten ausgestattetem Wesen. Zweitens wurde hier die Rechtsdebatte darauf verpflichtet, sich auf logische und vernünftige Erwägungen zurückzubeziehen. Zum Programm der Aufklärung gehörte die Berufung auf die Vernunft, naturwissenschaftliche Erkenntnisse, rationales Argumentieren und Wissen an Stelle von Glauben, eine Orientierung am Naturrecht, Toleranz gegenüber Andersgläubigen, Ausdehnung der persönlichen Handlungsfreiheit, Entwicklung einer Pädagogik, Schaffung einer freien Presse und Formulierung von Menschenrechten.

Die Neuzeit begann also in Europa mit dem Übergang von der agrarischen zur städtischen Produktions- und Lebensweise. Sie setzte sich im nördlichen Europa erst spät durch. Im Süden jedoch entstand die neue Gesellschaft viel früher. Im Mittelmeerraum blühten die Städte und hatten ihre höchste Entfaltung im 12. und 13. Jahrhundert, bevor eine Zeit des Verfalls kam. Die ökonomischen Grundlagen der Städte waren schon im Mittelalter Handel und Industrie. Es ist üblich, die Industrialisierung erst mit dem Ende des 18. und dem 19. Jahrhundert anzusetzen, als die Industrialisierung durch den Einsatz von Maschinen einen ungeheuren Schub erhielt, aber die Auflösung der agrarischen Gesellschaft ist das entscheidende Merkmal der neuen Epoche. Diese Auflösung fand im Süden ab dem Jahr 1000 statt. Aus Manufakturen wurden im 19. Jahrhundert Fabriken, aber die Textilindustrie im Florenz des 14. Jahrhunderts beschäftigte auch schon eine Masse ziemlich rechtloser Arbeiter, die in Produktionsstätten zusammengefasst wurden.

Tatsächlich hatte die Neuzeit aber nicht in Italien, sondern einige Jahrhunderte zuvor im islamischen Machtbereich auf europäischem Boden begonnen. Einen Eindruck von der kulturellen Blüte im Süden Europas von Sizilien bis Andalusien bekommt man durch die Lebensgeschichten des Staufers Friedrich II. und der 'Löwin von Aquitanien', Eleanor, vermittelt (siehe Literaturhinweise).

711 waren Mohammedaner in Andalusien gelandet, blühende Länder und Städte entstanden, die ins übrige Europa ausstrahlten. Bis 1200 hatte diese neue Kultur Spanien, Portugal, Südfrankreich und Italien transformiert. Die Infragestellung der abendländischen Gesellschaft kam von innen ('Häretiker') und außen ('Ungläubige'). Am stärksten wurden die Katharer bekämpft, weil sie gesellschaftlich und politisch den größten Einfluss hatten, aber die römische Kirche verfolgte mehr als hundert häretische Gemeinden. Kreuzzüge und Inquisition setzten dem ein Ende, die katholischen Könige Spaniens vertrieben Mohammedaner und Juden vollständig, der katholische König Frankreichs vernichtete die Katharer spurlos, so dass es im eigenen Lande keine Bedrohung mehr gab. Die Waldenser kehrten später zurück, ohne jemals wieder gesellschaftlich Einfluss zu gewinnen. Als Religionsgemeinschaft traten sie der Reformierten Kirche bei.

1511, also 800 Jahre nach der Landung der Mohammedaner, war der Westen von ihnen 'gesäubert'. In Italien jedoch konnte sich die neue Kultur behaupten und entfalten. Stadtrepubliken (Pisa, Florenz, Genua, Venedig ...) waren entstanden und forderten die Päpste heraus. Sie waren mächtiger als die meisten Staaten Europas. Ihre Rolle in der Modernisierung Europas wird als mittelalterliche Frührenaissance abgetan. Zu Unrecht.

Sie strahlten wirtschaftlich, politisch und kulturell nach Norden aus und beeinflussten die kulturelle Entwicklung Nordeuropas lange vor der Reformation. Ein wichtiger Motor für die städtische Entwicklung war die Hanse, die im 12. Jahrhundert entstand.

Die Aufklärung war lange vorbereitet und kam in Nordeuropa spät zur Entfaltung:

1000 Jahre nach der Landung von Mohammedanern in Europa

900 Jahre nach dem Staunen Karls des Großen über den Hof Harun al-Rachids: ein Analphabet aus Franken saß den Märchen aus Tausend und einer Nacht gegenüber

300 Jahre nach dem Aufstieg einer weiteren islamischen Macht auf europäischem Boden, der Türkei (beziehungsweise ihres Vorläufers, des Osmanischen Reichs).

Die Gedanken von Toleranz, Freiheit der Wissenschaften, Menschenrechten, säkularer Gesellschaft entwickelten sich auf Grund der Berührung mit einer toleranteren Gesellschaft, als es die europäische damals war. Der 30-jährige Krieg mit seiner unglaublichen Verwüstung war beigelegt (immer noch erschütternd ist die Lektüre von Grimmelshausens 'Simplizissimus'), aber die Hugenottenverfolgung war in vollem Gange, als Montesquieu sein Loblied der islamischen Welt schrieb. In Frankreich wurden die Hugenotten nachhaltig ausgerottet, so dass es bis heute nur wenige Protestanten (Reformierte) dort gibt. Aber die Gedanken der Aufklärung wirkten weiter und führten noch im selben Jahrhundert zu Revolutionen in den USA und Frankreich. Der Absolutismus in deutschen Landen bekämpfte die Aufklärung ebenso wie der napoleonische Despotismus in Frankreich, so dass Rückfälle in die Barbarei sich häuften (von Frankreichs Russland-Feldzug bis zur Juden-Vernichtung). Die Berufung heutiger Politiker auf die Werte der Aufklärung ist nicht gleichzusetzen mit ihrer Verwirklichung.

Allein das Hochhalten der 'christlichen Leitkultur' zeigt schon an, wie wenig wir von religiöser Bevormundung entfernt sind und wie wichtig eine Neubestimmung wäre. Es gäbe eine Leitkultur auf der Grundlage der Menschenrechte, aber sie müsste neu definiert werden und unabhängig von jeder Religion sein. Das 'Alte Testament' ist das Gründungsepos von Judentum, Christentum und Islam. In seinem Namen wurden und werden Kriege geführt, Menschen geopfert, Wissen verboten, Frauen unterdrückt und Zwietracht gesät. Menschenverachtung ist kein Privileg islamischer Fundamentalisten. Die Judenverfolgung und ihre Vernichtung wurde christlich legitimiert. Fremdenhass hat in Deutschland einen fruchtbaren Nährboden.

In diesem Sinne versteht sich der folgende Essay als Beitrag zu gegenseitigem Verständnis und tolerantem Umgang mit dem und den Fremden. Die aufklärerischen Gedanken bleiben Richtschnur freiheitlichen

Handelns bis heute. Allerdings wäre neu zu bestimmen, was Vernunft und Moral, Pädagogik und Demokratie, Toleranz und Menschenrechte heute sein sollten.

Die islamische Kulturgeschichte ist nicht minder voll von blutigen Glaubenskriegen, Intoleranz, Unterdrückung und Missachtung der Menschenrechte, so dass islamische Glaubensrichtungen ebenso wenig moralische Überlegenheit beanspruchen können wie christliche. Sie haben sich alle, ob im Iran oder in Saudi-Arabien, in den USA oder in Deutschland, im Bündnis mit weltlicher Macht vom Glauben entfernt und müssten diesen Verlust von Glaub-Würdigkeit erst einmal aufarbeiten.

MUSLIM – ISLAMIST – MOHAMMEDANER

Mohammed sagte, er sei der letzte Prophet Allahs (arabisch: Gott) und habe durch den Erzengel Gabriel das Wort Gottes vermittelt bekommen und es im Koran niedergelegt. Er nannte seinen Glauben Islam. Seine Anhänger sind Mohammedaner. Der Islam ist die Hingabe an den einen und einzigen Gott der Bibel, der Muslim oder Moslem ist derjenige, der sich Gott hingibt. Ein Islamist hängt diesem Glauben an, wobei der Begriff negativ besetzt ist und fanatische Hingabe meint.

Der islamische Schleier soll die westliche Blöße verhüllen. Wahlsiege einer religiösen islamischen Partei werden verteufelt von religiösen christlichen Parteien in Deutschland, die seit dem 2. Weltkrieg tonangebend sind. Religion ist Prüfungsfach im deutschen Abitur und christliche Schulen und Lehrkräfte werden staatlich gefördert.

Doch die Kritik an der westlichen Welt aus islamischer Sicht geht viel weiter und betrifft das gesamte Wertesystem, mit dem Kriege wie im Irak und in Afghanistan, aber auch Pornografie und Prostitution gerechtfertigt werden.

Die Überlegenheit des Westens in den letzten zwei Jahrhunderten beruhte nicht auf der Aufklärung, der Renaissance oder der griechisch-römischen Antike, sondern auf der Industrialisierung mit Hilfe von Maschinen im Fabriksystem und der hemmungslosen Ausbeutung der Natur und des Menschen.

Aber die Konfrontation von Orient und Okzident hat eine Jahrtausende alte Tradition.

Ihre erste Begegnung fällt in das Jahrtausend vor Christi Geburt, als die Griechen mit ihren Helden- und Göttersagen den Mythos der Entstehung von Europa begründeten. Im Orient gab es damals reiche Kulturen, insbesondere in Ägypten, die seit langem existierten und Begehrlichkeiten weckten. Dem Ansturm Alexander des Großen hielten sie nicht stand. Er eroberte ein Großreich, das fälschlich als Weltreich bezeichnet wurde, weil es die griechische Welt um ein Vielfaches erweiterte. Es reichte jedoch nicht nach Indien wie später das arabische Reich und schon gar nicht nach China. Alexander beherrschte den östlichen Mittelmeerraum, in dem bis dahin die ägyptische und die persische Hochkultur tonangebend waren. Dort gab es Öl und Wein, Menschen lebten auch schon in Städten. Die griechischen Eroberer brachten den Ölbaum und den Weinstock, aber auch die städtische Kultur nach Europa, weswegen wir diese Errungenschaften gern den Griechen zuschreiben. Selbst das Rad haben vermutlich die Inder erfunden.

Die Wiege der europäischen Antike steht im Orient. Die Griechen haben sie zu uns gebracht. Jahrhunderte lang herrschten sie von ihrem Zentrum Alexandria aus, das sie zwar selbst gründeten, aber in Ägypten lag. Sie wurden von den Römern abgelöst, die auf ihrer Kultur aufbauten und den westlichen Mittelmeerraum von Italien, Frankreich und Spanien bis an die Grenze Sachsens eroberten.

Der nächste Zusammenstoß mit dem Orient fand vor 2000 Jahren unter Cäsar statt.

Seine Gegenspielerin war Ägyptens Königin Kleopatra. Aus der Liebe der beiden und dem Verschmelzen ihrer Reiche zu einem gemeinsamen Imperium wurde nichts. Cäsars Ermordung durch Brutus ließ Kleopatra in Ungnade fallen. Sie hatte auf den Verlierer gesetzt. Es gelang den Römern, sie zu entmachten und zu diskreditieren. Der Nachwelt hinterließen sie ein negatives Zerrbild Kleopatras und ihrer Kultur. Sie wurde zur Hure abgestempelt, zum Luxusweib und zur Verschlingerin. In der römischen Männerwelt galten Frauen überhaupt nichts, waren rechtlich und gesellschaftlich minderwertig. Für sie war es ein Skandal, dass Ägypten von einer Frau beherrscht wurde.

Zum Dank für die Unterwerfung Ägyptens erhielten die römischen Legionäre Grundstücke in der Stadt Nîmes in Südfrankreich, das auch erobert worden war. Von daher stammt auch die Bezeichnung Provence für diese Region, eine römische Provinz. In dieser Stadt gibt es heute einen modernen Brunnen, der den römischen Sieg über Kleopatra allegorisch feiert: Sie ist ein gefesseltes Krokodil, ein gefährliches Vieh.

Ein anderes Großreich bestand damals in Nordafrika und rivalisierte mit Rom um die Beherrschung des Mittelmeers. Es war Karthago. Sein Zentrum lag im heutigen Tunesien. Dem Römischen Reich gelang es schließlich, auch diesen Rivalen auszuschalten. Roms Macht beruhte auf dem Militär, seine größte kulturelle Leistung war die politische Rede, sein System war streng hierarchisch gegliedert mit einem Kaiser an der Spitze, der zunehmend gottähnlicher wurde. Der alte römische Götterhimmel wurde immer unbrauchbarer. Jesus wurde als Judenkönig verfolgt, bekämpft und gekreuzigt. Seine christlichen Nachfolger wurden in Rom massakriert. Ihre orientalische Religion war bedrohlich und abstrakt im Vergleich zur Großfamilie von Zeus mit Hera. Aber der christliche Glaube breitete sich in Europa aus und gab den Menschen Hoffnung. Sie konnten aller Grausamkeit und Unterdrückung widerstehen und wurden eine Herausforderung für die römischen Machthaber, weil sie - wie Jesus - keine weltliche Macht beanspruchten.

Im 4. Jahrhundert unserer Zeitrechnung gelang Kaiser Konstantin das Paradox, diesen oppositionellen Glauben zu adoptieren und damit seine Macht zu konsolidieren: Er wurde Christ und mutierte zu seinem weltlichen Repräsentanten, Vertreter Gottes auf Erden wie später die Päpste.

Zweifellos war Rom eine glanzvolle Metropole, eine Millionenstadt, die viele Jahrhunderte Handel und Wirtschaft am Mittelmeer dominierte, großartige Bauwerke errichtete und Europas Kultur prägte. Aber nicht voraussetzungslos: Sieht man von dem militärischen Einfallsreichtum ab, ist der kulturelle Beitrag Roms gering. Das Römische Reich vereinnahmte die Wurzeln germanischer, griechischer, etruskischer oder ligurischer Kultur und löschte die Spuren aus dem Orient, obwohl der Städtebau und die Landwirtschaft, die Religion, der Wein und die Gewürze orientalischen Ursprungs waren. Eroberung, Raub, Unterjochung und Versklavung waren die Fundamente Roms.

Der klassische Lateinunterricht an Deutschlands Gymnasien war eine authentische Widerspiegelung römischer Kriegskultur. Er begann sinnstiftend mit der Lektüre von Caesars 'Gallischem Krieg', dem Sieg über die germanischen 'Horden'.

In den Augen von Griechen und Ägyptern waren die Römer primitiv. Kleopatra beging Selbstmord, weil sie nicht bereit war, einem Römer als Sklavin zu dienen.

In die Hoch-Zeit römischer Macht gehörte die Herabwürdigung der orientalischen Kultur.

Der Niedergang Roms kam zunächst aus dem Norden mit den Wanderungen verschiedenster Völker nach Italien, Spanien und gar Nordafrika, bis im 6. Jahrhundert ein neuer Prophet im Orient auftrat, Mohammed, der sich ebenfalls auf die Bibel berief und eine neue Religion stiftete, den Islam, eine weitere Tochter Zions. In kurzer Zeit entstand ein Großreich, das vom Mittelmeer bis nach Indien reichte.

Die Vormachtstellung der islamischen Welt im Mittelmeerraum hat ungefähr ab dem Jahre 1000 zu einem wirtschaftlichen und kulturellen Aufschwung Südeuropas geführt, der den Neid verarmter Adliger und Kirchenmänner erregte, so dass sie mit Hilfe des Papstes in den sogenannten Glaubens-Kampf zogen. Die Kreuzzüge hatten als offizielle Legitimation eine religiöse Begründung. Sie fanden nicht nur im Heiligen Land Palästina statt, wie vielfach kolportiert wird, sondern vor allem auf europäischem Boden, und dauerten Jahrhunderte, bis der Eindringling vertrieben und Europa christianisiert war. Die arabischen Wurzeln wurden ausgerissen, die städtischen Republiken verkümmerten wieder, Bewässerungsanlagen verfielen, Hygiene wurde zum Fremdwort, Pest und Cholera konnten wüten, der Süden Frankreichs verfiel derart, dass er weitere Jahrhunderte brauchte, um sich zu erholen, ohne bis heute seinen mittelalterlichen Glanz zurück gewonnen zu haben.

DIE ERFINDUNG DER RENAISSANCE AUS DEM CHRISTENTUM

Die Erfindung der Renaissance geschah vor 500 Jahren im 16. Jahrhundert in Italien. Giorgio Vasari (1511 geboren) war ihr Verkünder. Er war ein Bewunderer der Fürsten Medici, die als Renaissance-Päpste die besten Auftraggeber für Künstler und Baumeister waren. Sein Lebenstraum war, in die Dienste eines Medici zu treten, obwohl er sogar von Päpsten große Aufträge erhielt. Vasari war Schriftsteller, Maler und Architekt und hatte einen großen Betrieb mit vielen Angestellten. Die meisten seiner Auftraggeber waren Kirchenleute und seine Werke christlich inspiriert. Der Nachwelt hat er ein bedeutendes literarisches Werk hinterlassen, mehr als 100 Porträts von Künstlern der italienischen Renaissance, die er für bedeutsam hielt. Die Einzigartigkeit seines Werkes machte und macht, dass sich alle auf ihn berufen. Jene Maler oder Bildhauer, die nicht in seinem Katalog stehen oder von ihm gering geschätzt wurden, gerieten in Vergessenheit. Ob seine Urteile immer objektiv waren, ist doch etwas zweifelhaft, wenn man seine katholischen Auftraggeber bedenkt. Im Auftrag des Papstes hat er ein Gemälde geschaffen, in dem er die Bartholomäusnacht verherrlichte, denn er war überzeugt, dass die Feinde der Katholiken dort ihre gerechte Strafe fanden.

Bartholomäusnacht

Die Nacht zum 24. August 1572 wird auch Pariser Bluthochzeit genannt, weil Katharina von Medici die Hochzeit ihrer Tochter Marguerite mit dem hugenottischen König Heinrich von Navarra als Gelegenheit nutzte, die wichtigsten Protestanten ermorden zu lassen, die zur Hochzeit nach Paris gereist waren. Man schätzt 3000 Tote in Paris und noch etliche Tausend mehr in anderen Städten Frankreichs. Der Protestantismus konnte sich von diesem Schlag in Frankreich nicht erholen.

Dieses Massaker an den Protestanten bekam Vasaris Zustimmung auch deshalb, weil er Anhänger der Medici war, deren absolutistisches Machtstreben er bewunderte. Cosimo von Medici, der Vasari in Florenz in seine Dienste nahm und mit der Umgestaltung der Stadt zu seinem (des Fürsten) Lobe beauftragte, war für Vasari Inbegriff des vollkommenen Herrschers, in dem sich Macht und Glaube vereinten. Die heutige Gestalt des Zentrums von Florenz geht auf das Bauunternehmen Vasari zurück. Er vergrößerte viele Bauten, übernahm Gestaltungsformen des Altertums und gab der Stadt ein klassizistisches Gepräge.

Vasari war derjenige, der die Wiedergeburt, italienisch 'Rinascita' – heute französisch 'Renaissance', propagierte. Er meinte damit das Wiedererstarken zu alter römischer Größe unter dem christlichen Kaiser, denn der Aufstieg Europas begann zwar unter den Griechen, er gipfelte aber im christlichen Rom, aus dem die ersten Päpste hervorgegangen waren. Das waren gleichsam paradiesische Zustände. Danach kam, so sah er es, eine Periode des Verfalls und Niedergangs im finsteren Mittelalter. Die Frührenaissance in Italien brachte neue Hoffnung und führte zum Wiederaufstieg Roms, der in der absoluten Herrschaft der Medicis gipfelte.

Vasaris Epochendenken war mittelalterlich. Es interpretierte den Absolutismus mythologisch als Endpunkt heilsgeschichtlicher Erwartungen. Dieses Denken hatte christliche Ursprünge und gab Geschichte eine Bestimmung, die von außen aus religiösem Wunschdenken hineingedeutet wurde.

Weder waren die katholischen Päpste emanzipatorisch, noch hatten die absolutistischen Herrscher einen christlichen Lebenswandel. Schon gar nicht brachten sie das gesellschaftliche Heil. Trotzdem hält sich Vasaris Geschichtsbild bis heute. Es prägte die Nachwelt, deren Sendungsbewusstsein auf dieser christlichen Mythologie beruhte. Das 16. Jahrhundert war in der Tat eine Zäsur: die Gegenreformation war auf dem Vormarsch, Spanien, Italien und Frankreich waren wieder unter katholische Herrschaft gekommen, Mohammedaner, Juden und Häretiker waren dort nachhaltig vertrieben (mit einer winzigen Ausnahme in der Provence), der größte Konkurrent im eigenen Lager, der griechisch-orthodoxe Papst, war entmachtet und der Aufstieg des Osmanischen Reichs gebremst. Man hatte den Horizont erweitert durch spanische und portugiesische Konquistadoren, die eine neue Welt eroberten und viele Menschen angeblich vor einem sündigen Leben bewahrten, indem sie in ihrer Mannschaft auch Missionare mitführten.
Bis zum Ende des 15. Jahrhunderts waren die Reichtümer auf Handelsstraßen um das Mittelmeer herum transportiert worden. Dann aber öffnete sich der Atlantik zu neuen Ufern und großen Reichtümern. Mit der Hybris des auserwählten Volkes und dem Segen der allein seligmachenden Kirche begann das Zeitalter der Kolonisation und der Genozid an außer-europäischen Völkern. Diese Mordspur setzte sich bis in die Vernichtung der nordamerikanischen Völker fort.

Die fragwürdige Leistung von Vasari war seine Umdeutung der Vergangenheit und Zuschreibung der Gegenwart. Die nichtchristliche Vergangenheit hat er diskreditiert, um die christliche Gegenwart in ein besseres

Licht zu setzen. Das tat er gezielt. Er wusste, dass die Blütezeit der Renaissance in Italien einige Jahrhunderte zuvor stattgefunden hatte.

Zu seiner Zeit wurden die republikanischen Verfassungen der Städte endgültig wieder abgeschafft (Cosimo de Medici tat nur noch so, als ob er die republikanischen Gesetze befolgte), die katholische Kirche gewann an Einfluss und behinderte nach Kräften die Neue Zeit. In Südeuropa wurden die Uhren angehalten und zurückgedreht, der Einfluss des Bürgertums empfindlich geschwächt. Zwei weitere Jahrhunderte konnte sich die Allianz aus Adel und Kirche an der Macht halten und Europa mit Religionskriegen martern, bevor sie eingeschränkt wurde und einen Teil ihrer Macht abgeben musste, wobei der kurzen Zeit der Revolution Ende des 18. Jahrhunderts eine lange Zeit der Restauration folgte.

SCHOCK DER KULTUREN: ORIENT GEGEN OKZIDENT

1918, am Ende des Ersten Weltkriegs, propagierte Oswald Spengler den 'Untergang des Abendlandes'. Er vertrat die Vorstellung, dass jede Hochkultur ein Jahrtausend existiere und dann verfalle. Die Abendländische Kultur habe 900 nach Christus in Westeuropa begonnen und sich später auch nach Nordamerika fortgesetzt. Vorbereitet wurde diese Kultur durch die Merowinger und Karolinger seit 500, meinte Spengler. Er sah eine neue Hochkultur in Russland auftauchen.

Im Westen konnte sie sich jedoch nicht durchsetzen. Gegen diese Hochkultur zogen die Faschisten 1936 bis 1945 ins Feld und unterlagen. Die USA setzten den Kampf gegen den kommunistischen Osten fort. Sie hatten dem deutschen Eroberungsfeldzug gegen den kommunistischen Konkurrenten untätig zugeschaut, wurden aber durch Japan zum Kriegseintritt gezwungen. Nationalsozialistische Politiker, Wissenschaftler, Techniker, Atomforscher und antikommunistische Ressentiments der Deutschen wurden nach dem Sieg in den Dienst der USA übernommen und halfen, den Ostblock auf andere Weise zu besiegen.

Mit der Grenzziehung des Eisernen Vorhangs zwischen dem Machtbereich der UDSSR und dem der USA war im 20. Jahrhundert eine Zweiteilung der Welt erreicht, die von unserem europäischen Standpunkt aus mit den Koordinaten 'Osten' und 'Westen' einigermaßen zutreffend beschrieben war, selbst wenn die kommunistischen Staaten Kuba, Afghanistan oder China nicht so richtig in unserem Osten lagen. Auch wunderte sich niemand darüber, dass USA und UDSSR die Blockführer Ost und West waren und wir dazwischen lagen und nur durch den Nordatlantikpakt NATO mit dem amerikanischen Kontinent ideelle Verbindung hatten. Sicher, die Truppen der USA standen in allen europäischen Staaten, sicher auch, dass fast in jeder deutschen Familie Auswanderer sind, die im 19. Jahrhundert drüben ihr Glück gesucht haben, so dass es nicht nur politische Verbindungen, sondern familiäre Bande gibt. Deutschland wurde sehr schnell zum Vorposten des antikommunistischen Westblocks. Obwohl Deutschland von den USA besiegt wurde und die Abneigung gegen Jazz und Jeans, Kaugummi und Parka, Rock and Roll und 'Neger' groß war, der Kommunismus war einfach der schlimmere Feind. Vielleicht spielte eine Rolle, dass die 'Amis' als Befreier kamen und Vergewaltigungen seltener waren (aber es gab welche!), während die Sowjetunion Millionen Vergewaltigungen, Versklavungen und Ermordungen erlitten hatte, von den Deutschen verbrannt und ausgeplündert worden war, so dass Rache und Vergeltung folgten. Das soll keine Entschuldigung sein für die massenhaften Vergewaltigungen durch Sowjets, denen deutsche Frauen zum Opfer fielen, sondern beschreibt die Abfolge, wie aus deutscher Gewalt sowjetische Gewalt gezeugt wurde. Das entscheidende Thema nach dem Ende des Zweiten Weltkriegs war somit: die Rettung des Abendlandes vor der 'roten' Gefahr aus dem Osten. Russland, das seinen europäischen Machtbereich entscheidend erweitert hatte und in das Zentrum vorgerückt war, wurde zum Hauptfeind. Selbst Rudi Dutschke sprach von der halbasiatischen Produktionsweise in der Sowjetunion. Der Kampf Russlands um die Anerkennung als europäische Macht begann schon mit Zar Peter dem Großen. 1697 reiste er inkognito nach (West)-Europa und öffnete sein Land den Neuerungen. Katharina die Große setzte sein Werk fort, und Zar Alexander zog 1814 triumphierend in Paris ein, als Napoleon aus Moskau verdrängt worden und die Befreiungskriege dank Russland gewonnen waren. In einem guten Jahrhundert war Russland damals zu einer führenden europäischen Macht aufgestiegen. Durch den Eisernen Vorhang aber konnte es wieder nach Osten verdrängt werden, wo es bis heute um seine Rückkehr kämpft. Dann aber löste sich dieser Weltkonflikt gleichsam über Nacht auf. Das Koordinatensystem stimmte nicht mehr. Ein neues Feindbild wurde nötig, um von den wachsenden inneren Schwierigkeiten im Westen abzulenken.

Der US-amerikanische Politikwissenschaftler Samuel P. Huntington (1927-2008) ging nach dem Zusammenbruch der Sowjetunion von einem Konflikt zwischen acht bis neun Kulturen aus, weil diese bei der Eindämmung der westlichen Dominanz mit ihrer Geschichte, ihren Sprachen, ihren Wertvorstellungen und ihren Religionen die höchste sinnstiftende Einheit geworden seien. Die Thesen veröffentlichte er zuerst 1993, dann erschien 1996 sein Buch 'The Clash of Civilizations', auf deutsch: 'Kampf der Kulturen', weil das englische 'Civilization' eher dem deutschen 'Kultur' entspricht. Huntington behauptete, dass von diesen Kulturen drei aufstrebend seien: die der Hindu, der Sini und des Islam. Dadurch würde die Weltpolitik nicht mehr nur zwischen zwei Polen ausgetragen und die westliche Kultur vor neue Herausforderungen gestellt. Sie vertrete die arrogante, falsche und gefährliche Auffassung, sagte er, dass die ökonomische Modernisierung gleichzeitig zum Durchbruch westlicher Werte führte. Huntington propagierte, dass eine Geopolitik der Macht gegen diese veränderten Bedingungen notwendig sei, angeführt von den USA, und forderte die Stärkung der westlichen Identität nach außen und innen. Er prognostizierte einen Zusammenstoß zwischen Muslimen und Nichtmuslimen im Rahmen der Globalisierung und vertrat, dass es einen 'gerechten Krieg' geben könne. Man sieht, dass Huntingtons Position ideologisch gefärbt war und die Konfrontation mit 'dem Islam' rechtfertigen sollte. Zum damaligen Zeitpunkt war nämlich schon China die stärkste Macht und größte Herausforderung, und die islamischen Staaten, selbst wenn sie sich alle gemeinsam gegen die USA gewendet hätten, wären militärisch hoffnungslos unterlegen gewesen. Ein Bündnis aller islamischen Staaten ist zur Zeit noch unwahrscheinlich. Historisch waren die Gräben zwischen ihnen bis heute größer als der Graben zwischen Morgenland und Abendland. Huntington lieferte somit die Ideologie zur Rechtfertigung von kriegerischen Auseinandersetzungen mit 'der' islamischen Kultur. Tatsächlich ging und geht es zwar um die Hegemonie der USA auf kulturellem Gebiet, darum, ihre ökonomische und politisch-militärische Vormachtstellung zu behaupten, aber das Stichwort Islam kreiert eine Front, die es bis dahin gar nicht gegeben hat. Als die Sowjetunion in den 80er Jahren des 20. Jahrhunderts in Afghanistan Krieg führte, haben die USA Bin Ladens 'Freiheitskämpfer' in Pakistan aufgebaut und finanziert, damit sie mit dem CIA gemeinsam den Kommunismus bekämpften. Huntington hat also mit dem christlichen Abendland und dem moslemischen Morgenland auf einen uralten Topos der abendländischen Geschichte zurückgegriffen, um 'gerechte' Kriege zu rechtfertigen. Nur wird er die Geister, die er rief, nicht wieder los, denn 'der' Islam beginnt, sich zunehmend gegen die USA zu formieren. Verzweifelt versucht auch Huntington, zurückzurudern und die Gegner pauschal als 'Terroristen' neu zu bestimmen. Der alte Graben wird größer.

Mit dem Ende des 'Ost-West-Konfliktes' schien der Siegeszug des US-Kapitalismus unaufhaltsam und Geschichte beendet. Wäre da nicht die Dominanz des militärisch-industriellen Komplexes in der Wirtschaft der USA gewesen, die dadurch entstanden ist, dass die USA seit einem Jahrhundert fast ununterbrochen Krieg führt. So ist ihre Wirtschaft immer mehr zu einer Kriegsindustrie geworden. Die Politiker mussten also dafür sorgen, dass neue Kriegsanlässe geschaffen wurden, wenn eine Wirtschaftskrise sich abzeichnete. Wurden die Kriege dann gewonnen, hatten sie die Ausdehnung des wirtschaftlichen Einflussbereiches zum Ergebnis. Afghanistan und Irak wurden als Ziele ausgeguckt, Iran oder Nordkorea hätten es ebenso gut sein können, aber geostrategisch (Huntington) waren sie nachrangig.

Die Kriege im Irak und in Afghanistan sind noch nicht beendet, aber die nächsten schon in Vorbereitung.

Die politisch-ideologische Begründung und Rechtfertigung dieser Angriffskriege gegen islamische Staaten machte eine neue Konfliktlinie nötig, die eine uralte und im kollektiven Bewusstsein tief verankerte ist: Christentum und Islam, der gute, friedvolle, tolerante, freiheitliche, demokratische Westen und der böse, kriegerische, intolerante, autoritäre Osten. Obwohl die USA keinerlei geschichtlichen oder geografischen Zusammenhang zum Konflikt zwischen Orient und Okzident haben, obwohl die USA ihren Wohlstand auf einem Genozid aufbauten, der Ausrottung der Indianer, und auf der Gratisarbeit von Millionen Sklaven, den Schwarzen, die bis heute unterdrückt werden, obwohl die USA kein christlicher Staat ist, sondern Religionsfreiheit garantiert und eine Staatsreligion verbietet, und obwohl die USA zu keiner Zeit friedvoll war, sondern mehr Atombomben besitzt als alle anderen Staaten auf der Welt zusammen und als einziger Staat auf der Welt Atombomben geworfen hat, wird dort trotzdem und wider besseres Wissen eine uralte Konfliktlinie re-aktualisiert, die einst zwischen dem römischen Papsttum und dem Islam mit Zentrum in Bagdad bestand.

Der 'Schock der Kulturen', der im Mittelalter in blutigen Raubzügen unter dem christlichen Kreuz, den Kreuzzügen, seinen Höhepunkt hatte, wurde von US-Präsident Bush zur Konfliktlinie des 21. Jahrhunderts ausgerufen. Der Fehdehandschuh wurde aufgegriffen und bestimmt zunehmend unseren Alltag.

WAS IST DER ORIENT?

Der Orient bezeichnet landläufig alle Staaten am südöstlichen Rand des Mittelmeeres. Im 19. Jahrhundert war es Mode, in den Orient zu reisen, und man schloss in diese Bezeichnung auch Nordafrika (Maghreb) mit ein. Das war nicht immer so. Damit es zu einer Unterscheidung kam, musste erst einmal eine Trennung stattfinden. Wir wissen aus der Ilias von Homer, dass die Griechen Troja besiegten. Das war eine kleinasiatische Stadt auf der Höhe von Lesbos, welche die Handelswege zum Schwarzen Meer kontrollierte. Sie gehörte zum Reich der Hethiter und wurde von den Griechen erobert, so dass sie den Sprung nach Kleinasien machten und es keine Trennung durch die Meerenge am Bosporus gab. Auch die Römer, die den Griechen als europäische Großmacht folgten, beherrschten den kleinasiatischen Raum. Jahrhunderte lang sprach man von der 'Levante', das bedeutet auf Italienisch 'Sonnenaufgang' und steht für die Länder des östlichen Mittelmeeres. Das sind (aus heutiger Sicht) von Griechenland, der Türkei und Zypern bis Ägypten alle Anrainerstaaten am Mittelmeer östlich von Italien. Im engeren Sinne bezeichnet die Levante jedoch nur Syrien, Libanon, Israel, Palästina und Jordanien. Im weitesten Sinne schließt sie den 'fruchtbaren Halbmond' mit ein. So bezeichnet man das Gebiet von Ägypten über Palästina, Phönizien nach Assyrien und Mesopotamien, dem heutigen Irak und Iran. Das Zweistromland von Euphrat und Tigris auf der einen, vom Nil auf der anderen Seite gab diesem Landstrich wegen seiner Fruchtbarkeit den Namen. Aus italienischer Sicht erhielt die Levante eine besondere Bedeutung durch die Handelsbeziehungen ihrer Stadtstaaten, die bereits lange vor den Kreuzzügen im frühen Mittelalter mit dem Byzantinischen Reich (etwa in Ephesos) und den Seldschuken etabliert waren. Die Levante war ein wichtiger Umschlagplatz für Orientwaren, die über den Indischen Ozean und die asiatischen Karawanenwege herangeschafft wurden, und die italienischen Stadtstaaten waren vor allem durch Handel mächtig.

So bürgerte sich ein, statt vom 'Land der aufgehenden Sonne' auch vom 'Orient', dem 'Morgenland' oder einfach dem 'Osten' zu sprechen. Auf der anderen Seite des Meeres lag Europa, das 'Land der untergehenden Sonne', das 'Abendland' beziehungsweise der 'Westen'. Das Meer war die Mitte der damaligen Welt und heißt auch so: Mittel-Meer. Zwar gab es schon früher Seefahrer wie die Wikinger, die nach Amerika fuhren, aber erst um 1500 mit dem Aufstieg Spaniens und Portugals zu Seemächten und den Eroberungsfahrten von Columbus und anderen Konquistadoren begann die Verschiebung der Mitte unserer europäischen Welt in den

Atlantik. Für Chinesen war die westliche Sichtweise von Anfang an nicht nachvollziehbar, weil sie ein anderes Koordinatensystem haben.

EIN GESPENST GEHT UM IN EUROPA: DER ISLAM

Die Unterstützung der ägyptischen Diktatur durch die USA in den vergangenen Jahrzehnten wurde gerechtfertigt mit der Sicherheit für den Westen, die Ägypten als Bollwerk gegen den islamistischen Einfluss bedeutete. Dabei fand eine Gleichsetzung von islamisch, islamistisch und fundamentalistisch statt. In Deutschland werden Gruppen wie die Muslimbruderschaft oft mit der einfachen Religiosität der Bevölkerung verwechselt. Die Menschen in Ägypten sind fast alle religiös und überwiegend islamisch. Als auf dem Tahrir-Platz gebetet wurde, haben sehr viele mitgemacht. Das bedeutet aber nicht, dass alle Betenden auch Muslimbrüder waren.

Am 7. Februar 2011 wurde in der Feiertagspredigt die ägyptische Revolution als eine gemeinsame von Muslimen und Kopten bezeichnet. Diese Gemeinsamkeit passt nicht zum Bild, das man sich in Deutschland vom Verhältnis zwischen Muslimen und Christen macht. Einzelne radikale Gruppen, die sich auch auf den Islam berufen, verfälschen die Realität, aber es scheint so, dass sie nicht für jedes Attentat verantwortlich sind. Das Massaker gegen die koptischen Christen zu Beginn des Jahres 2011 wurde möglicherweise vom ägyptischen Staatsapparat organisiert, um die Islamisten in Misskredit zu bringen. Auf beiden Seiten ist das Amalgam die größte Gefahr: So wie in Deutschland negativ über den Islam geredet wird, so abfällig sprechen immer mehr Menschen in den muslimischen Ländern über den 'christlichen' Westen. Sie sprechen die gleiche Sprache. Im Gefolge der Kriege, mit denen der Westen angeblich die Freiheit im Irak oder in Afghanistan verteidigt, und auf Grund der Unterstützung brutalster Regime gerade im islamischen Bereich, hat sich die Glaubwürdigkeit des Westens rasant verschlechtert. Dazu trägt die Gleichsetzung aller Gläubigen mit den Radikalen in den muslimischen Ländern bei, die vielfach als ungerecht empfunden wird. Selbst wenn die aktuellen Freiheitsbewegungen in der arabischen Welt vom Islam inspiriert wären, was wäre daran schlecht? Wenn im Namen des Herrn Jesus Christus ein Volk auf die Straße ginge und für Freiheit demonstrierte, was wäre daran schlecht? Der Islam wie das Christentum mussten historisch immer wieder für die grausamsten Kriege als Alibi herhalten. Ebenso dienten sie beide zur Begründung von Toleranz und Nächstenliebe. Beide Religionen beziehen sich auf dieselben Fundamente, nur dass der Islam den Propheten Mohammed zusätzlich zu Christus ins Feld führt, zum Guten oder zum Schlechten, abhängig vom jeweiligen Interpreten.

Viele ägyptische Demonstranten 2011 gegen Mubarak waren Männer, aber es gab auch Frauen, die als Führerinnen der Protestbewegung galten, ein Kopftuch trugen und beteten. Das macht sie noch nicht zu Muslimschwestern.

Viele Gläubige verstehen den Islam so, dass er für Freiheit und Menschenwürde eintritt und dem nicht widerspricht. Und zwar nicht nur für Muslime, sondern für alle Menschen, wie aus den islamischen Quellen auch abzuleiten ist. Es geht um einen Islam, der alle Bereiche des menschlichen Lebens mit organisiert, aber nach dem Willen des Menschen und nicht gegen diesen.

Es wird davor gewarnt, dass Europa die Islamisierung droht. Das ist ein Appell an eine alte historische Angst, die auf vergleichbare Weise an die größte Bedrohung in der christlichen Geschichtsschreibung Europas erinnert:

Das ist der arabische Kriegszug, der im 8. Jahrhundert nach Christus die iberische Halbinsel eroberte und die europäische Kultur einschneidend veränderte.

Seit mehr als einem Jahrhundert beherrschten damals (West-)Goten die iberische Halbinsel. Ihre Hauptstadt war Toledo. Sie waren vom arianischen christlichen Glauben zum katholischen Christentum konvertiert. 711 überschritten die 'Mauren' die Meerenge von Gibraltar. Binnen weniger Jahre eroberten sie den Großteil des Westgotenreichs. Erst im Norden Spaniens beendeten sie die Eroberung. Die Pyrenäen wurden damals nicht als eine natürliche Grenze angesehen, die man unbedingt einnehmen musste. Bergregionen waren uninteressant. Das nordwestliche Bergland Spaniens interessierte die Araber weniger als Narbonne auf der französischen Seite der Berge am Mittelmeer, denn es war ein strategisch günstiger Hafen. Dorthin zog es sie eher als in die unfruchtbaren Gebirgsregionen. Raubüberfälle brachten sie allerdings noch viel weiter nach Europa hinein. Arabische Truppen drangen bis in die Mitte Frankreichs vor, und selbst in der Schweiz hinterließen sie Spuren. Auch wenn es sich oft nur um Beutezüge handelte, war die Bedrohung durch die überlegenen arabischen Kämpfer groß. Europa war damals seit wenigen Jahrhunderten ziemlich umfassend christianisiert, jedoch eine zentrale Macht gab es nicht. Die Karolinger Karl Martell und Karl der Große gingen als Helden in die Geschichte ein, weil sie angeblich das weitere Vordringen bremsten. Sie konnten nicht verhindern, dass der arabische Einfluss auf Europa immens war und erst neun Jahrhunderte nach ihrer Ankunft lebte kein Araber mehr auf der iberischen Halbinsel.

1492 fiel Granada, aber (vor allem zur Pflege der Bewässerungssysteme) etliche Mauren blieben, erst 1611 wurden die letzten Araber vertrieben.

Die gleichberechtigte Existenz einer anderen Religion auf europäischem Boden während vieler Jahrhunderte hat in der Neuzeit möglich gemacht, die Frage der Religion zu einer Glaubensangelegenheit werden zu lassen, die persönlich entschieden wird und nicht staatlich. Der nicht lösbare innerchristliche Konflikt zwischen Protestanten und Katholiken war ein weiterer Grund.

Der kulturelle Wandel, den wir Abendländer so gern 'unserer' Renaissance zuschreiben, wäre an ihr fast gescheitert, denn die Unterdrückungsmaschinerie lief im Süden Europas flächendeckend, doch nicht alle arabischen Spuren wurden getilgt. In einem romanischen Benediktinerkloster der Provence wurde der Mosaikfussboden von einem iranischen Künstler gelegt. Das Löwenportal des Kaiserdoms in Königslutter bei Braunschweig ziert eine romanische Basilika des Benediktinerordens und hat Ähnlichkeiten mit islamischen Bauwerken in Andalusien. Nur wenige Wissenschaftler und Historiker vertreten heute, dass Europa dem arabischen Einfluss eine kulturelle Blüte verdankt. Das Bild des antidemokratischen, kriegerischen, frauenfeindlichen Moslems hat verdrängt, was Jahrhunderte lang Europas Kultur bestimmte: das arabische Mittelmeer mit seiner überlegenen Hochkultur, die sich von Gibraltar bis Sizilien fortsetzte.

Diese Blüte war nicht zu Ende, als die kastilischen Könige Toledo von den Mohammedanern eroberten. Sie übernahmen die Kultur von Al-Andalus und transportierten sie weiter. Der Höhepunkt dieser islamischen Kultur fand also auf katholischem Boden seine Fortsetzung. 1085 wurde Toledo von Alfons VI. den Arabern entrissen, aber es blieb fast zwei Jahrhunderte ein Schmelztiegel der Kulturen. Deutsche Fürsten aus dem Staufer-Geschlecht spielten dabei eine entscheidende Rolle. Die beiden bekanntesten Staufer waren Friedrich I., genannt Barbarossa (1122-1190), und Friedrich II., genannt 'Das Erstaunen der Welt' (1194-1250). Beide hatten einen direkten Bezug zu Südeuropa, Barbarossa ließ sich im provenzalischen Arles krönen, Friedrich II. lebte lange auf Sizilien und war ein großer Anhänger arabischer Kultur.

Begünstigt durch das Nebeneinander verschiedener Hochsprachen (Hebräisch, Hocharabisch, Lateinisch) und Volkssprachen (Arabisch-Andalusisch, Romanisch, Mozarabisch, Kastilisch) und die Mehrsprachigkeit besonders der christlichen und jüdischen Bevölkerung wurde Toledo im 12. und 13. Jahrhundert ein bedeutendes Zentrum für die Übersetzung arabischer Schriften ins Lateinische und Romanische und spielte dadurch eine entscheidende Rolle bei der Verbreitung arabischer Philosophie und Wissenschaft in Europa.

Einer der größten Kulturförderer war Alfons X., genannt der Weise (1221-1284), der durch seine Mutter von den Hohenstaufen abstammte. Er verfasste Gedichte, aber auch ein chemisches und ein philosophisches Werk, förderte die Astronomie und Astrologie und gründete eine Übersetzerschule, in der Juden, Christen und Moslems gemeinsam arbeiteten. Es wurde nicht nur arabisches und jüdisches Wissen ins christliche Europa gebracht, sondern auch klassische griechische Werke über Astronomie, Mathematik und Philosophie kamen gewissermaßen endlich zurück. Das Alte Testament ließ er aus der lateinischen Fassung ins Kastilische übersetzen, und die öffentlichen Urkunden wurden in dieser neuen Landessprache verfasst.

Die Reconquista hat zum Glück nicht alle arabischen Spuren in Andalusien vernichtet, so dass die Größe dieser Kultur noch heute zu fühlen und zu sehen ist. Eine Kultur, die Derartiges hervorbringen konnte, eine Religion, die Andersgläubige bei ihrem Glauben und am Leben ließ, in ihrem Kern mussten sie mehr sein als die heute gängigen Klischees und Feindbilder. Andererseits zeigte 1997 der Film 'Das Schicksal' von Youssef Chahine deutlich, wie einer der wichtigsten Philosophen des Mittelalters, Averroës, Opfer fanatischer Moslems wurde, weil sie einen 'Gottesstaat' in Andalusien errichteten.

Das Kalifat von Cordoba von 929 bis 1031 war die entwickeltste europäische Gesellschaft der damaligen Zeit und deswegen bedroht von kriegerischen Fanatikern des Islams, aber auch bedrohlich für kriegerische Fanatiker des Christentums. Es wurde beinahe aus dem Gedächtnis Europas getilgt. Auch wenn der islamische Machtbereich in Europa immer weiter schrumpfte, so wurde sein kultureller Einfluss erst mit der Eroberung Granadas beendet. Seine maurische Burg der Alhambra bleibt eines der großartigsten Zeugnisse dieser islamischen Kultur auf europäischem Boden. Eine katholische Kathedrale wurde hineingebaut und demonstriert – ebenso wie in der Moschee von Cordoba –, dass die Macht auf christlicher Seite siegte, aber die Kunst auf islamischer Seite war. Durch Kathedralenbau, Judenpogrome, Bücherverbrennung und Inquisition versuchte man in Spanien, den islamischen Einfluss zurückzudrängen, was einen kulturellen Verfall nach sich zog. Es verfielen nicht nur die arabischen Bewässerungssysteme, als schließlich die letzten Araber vertrieben waren. Auch die Toleranz, die Wissenschaft, die Freiheit der Person, die Anerkennung der Frau fielen auf den vorislamischen mittelalterlichen Stand zurück.

Der Untergang des Abendlandes hat nicht stattgefunden, denn das katholische Rom lernte, auf seine Wiedergeburt (Re-Naissance) mit Hilfe unmittelbarer, weltlicher Machtausübung zu verzichten. Stattdessen beschränkte es sich auf die Missionierung der Heiden und Wilden und erreichte dadurch, letztlich sein Weltreich bis nach Amerika auszudehnen.

Vor allem aber wurde das Gedächtnis an diese Zeit gelöscht. Die Ausplünderung der Länder Amerikas brachte neuen Reichtum für Spanien und Portugal, eine neue Zeit brach an, die man nachträglich der Re-Naissance zuschrieb.

EUROPÄISCHE GRÜNDUNGSMYTHOLOGIE

Der Kampf gegen den Islam gehört zum Kernbestand deutscher und französischer Gründungsmythen. 732 schlug Karl Martell die Mauren in Frankreich bei Poitiers. Den Beinamen 'Hammer' erhielt er erst im Nachhinein. Karl war damals schon Auszeichnung genug, weil es Kerl, Mann bedeutete. Sein Sieg war nicht entscheidend, denn die Abwehrkämpfe gegen die Mauren waren damit noch lange nicht beendet, aber er signalisierte, dass es möglich war, den Feind zu besiegen. So wurde in einer unbedeutenden Schlacht ein Held geboren. Sein Enkel Karl der Große führte 778 einen Kriegszug gegen den Emir von Cordoba in Spanien, um die nordost-spanische Mark zu gewinnen. Er musste jedoch schnell einsehen, dass sein Heer hoffnungslos unterlegen war, und trat sieglos den Rückzug an, zumal am entgegengesetzten Ende des Reiches die Sachsen rebellierten. Beim Rückzug kam die fränkische Nachhut in den Pyrenäen Navarras bei Roncesvalles in einen Hinterhalt, allerdings nicht von islamischen Mauren, sondern von christlichen Basken. Der Führer der Nachhut war Roland. Daraus wurde ein Mythos vergleichbar dem Nibelungenlied geschaffen, das Rolandslied.

DAS CHANSON DE ROLAND

Es entstand etwa 1100. Roland war ein Neffe von Karl dem Großen und fränkischer Ritter, der die Reichsgrenze zu den Bretonen bewachen sollte. Er zog in diesem 'Lied' mit seinem Onkel gegen die Mauren nach Spanien. Der Text ist drei Jahrhunderte nach den Ereignissen verfasst und gibt sich den Anschein einer historischen Chronik, ist aber eher wie ein Märchen geschrieben. Es ist ein früher altfranzösischer Text in Versen und wurde zu einem Nationalepos, weil es die herausragende Rolle der Franzosen aus der Ile de France im Heer Karls des Großen beschreibt. Kaiser Karl als 'Charlemagne' und Neffe Roland wurden für Frankreich reklamiert. Den wenigsten Franzosen ist heute bewusst, dass sie in der Nachfolge der Franken stehen.

Karl der Große hat - im Lied - in sieben Jahren Krieg fast ganz Spanien von den Arabern zurückerobert. Aber in Saragossa trotzt ihm König Marsilie, so dass Karl abzieht. Roland will weiterkämpfen und gerät in den Pyrenäen in einen Hinterhalt. Am Ende bläst er in sein Horn, stirbt und wird von den Engeln ins Paradies geleitet, während Karl umkehrt und ihn rächt. Er vernichtet alle 'heidnischen' Heere mit Hilfe eines Engels, nimmt Saragossa ein und bekehrt seine Einwohner zum Christentum.

Zurück in Aachen warten die nächsten Missionsaufgaben auf Karl. Das Rolandslied ist ein 'Chanson de geste', wobei eine 'Geste' eine

Heldentat darstellt. In dieser Gattung geht es überwiegend um die Kriegszüge Kaiser Karls des Großen oder seines Sohnes, des Kaisers Ludwig I., genannt der Fromme, und ihrer Heerführer gegen die islamischen Mauren. Aber auch der Kampf der Franken gegen die zunächst noch heidnischen Sachsen wird behandelt.

Die Thematik der Heidenkriege war lange Zeit aktuell, einmal dank der katholischen Rückeroberung (Reconquista) Spaniens, die etwa seit 1000 vom christlich gebliebenen Nordwestspanien propagiert wurde, und zum anderen dank der Kreuzzüge, die 1095 begannen, d. h. der Versuche christlicher Ritterheere, das seit 500 Jahren von Moslems beherrschte Jerusalem zu erobern und das heilige Grab unter christliche Herrschaft zu bringen. Die Gattung der 'Chansons de geste' blühte in den Klöstern und Herbergen auf dem Jakobsweg, das sind die heute wieder in Mode gekommenen Pilgerrouten durch Frankreich nach Santiago de Campostella in Galizien (Santiago = Sankt Jakob).

Ursprünglich waren Deutsche diejenigen Mitglieder germanischer Stämme mit derselben Volkssprache. Eine regionale Bezeichnung konnte es lange Zeit nicht sein, weil diese Stämme nur begrenzt sesshaft waren. Würde man diese Bedeutung heute anwenden, wären die Schweiz oder Österreich Deutsch(es) Land.

DEUTSCHE LANDE

Deutschland ist ursprünglich die geografische Bezeichnung für Landstriche, in denen deutsch gesprochen wurde. Weder Blut, noch Boden, sondern die Sprache war das Unterscheidungsmerkmal.

Dieses Argument hat den Nationalsozialisten zur Eroberung deutschsprachiger Gebiete 'heim ins Reich' gedient.

DEUTSCHES REICH

Das 'Heilige Römische' Reich war das Erste Reich unter deutscher Vorherrschaft. Der Zusatz 'Deutscher Nation' tauchte zweihundert Jahre später auf. Deutschland gab es noch nicht. Erst Bismarck vereinigte Teilgebiete deutscher Sprache zum zweiten Reich, dem Kaiserreich im 19. Jahrhundert. Nazideutschland war das Dritte Reich, aber ohne Kaiser. Das Dritte war das letzte 'Deutsche Reich', wie der Name Deutschlands bis 1945 war. Der Begriff 'Reich' bezeichnet besser, dass es sich um eine politische Einheit und nicht eine geografische handelt. Aber auch das 'Deutsche Reich' ist eine Bezeichnung, die nur kurze Zeit Bestand hatte und in dieser kurzen Zeit die unterschiedlichsten Lande umfasste.

Bis 1806 hieß die deutschsprachige Region 'Heiliges Römisches Reich

Deutscher Nation' und ging zurück auf das 'heilige' römisch-katholische Reich.

Den Höhepunkt seiner Macht erreichte Karl der Große, ein Franke deutscher Sprache, am 25. Dezember 800. Er wurde vom römischen Papst zum römischen Kaiser gekrönt. Das antike römische Reich sollte wieder auferstehen als ein christliches. Der Kaiser war Vertreter Gottes auf Erden und seine Herrschaft damit selbstverständlich heilig. Damit war das Frankenreich eine Großmacht, ebenbürtig dem Byzantinischen Kaiserreich und dem sunnitischen Kalifat der Abassiden.

Sicher ist es richtig, dass Karl des Großen Frankenreich bis zu den Pyrenäen und in die Provence reichte, aber auch unter seiner Oberherrschaft ging das normale mittelalterliche Leben dort weiter. Die Franken wurden ein letztes Mal europäisch mächtig als Kerntruppe der Kreuzzüge ins Morgenland. Nicht umsonst ist im arabischen Bereich die allgemeine Bezeichnung für die christlichen Kreuzritter: Franken. Und Franken steht dort synonym für barbarische Schlächter.

Dieses Römische Reich der Franken bekam offiziell erst später den Zusatz ‚heilig' und noch später die Ergänzung 'deutscher Nation', denn der Niedergang folgte gleich nach Karls Tod 814, weil es unter den Söhnen aufgeteilt werden musste und der einzig überlebende Sohn nicht verhindern konnte, dass sich die einzelnen Kleinreiche auseinander entwickelten. 843 wurde im Vertrag von Verdun die endgültige Teilung beschlossen, die im Westen das spätere Frankreich und im Osten das spätere Deutsche Reich schuf.

Die Ursprünge des Deutschen Reiches sind also beim Enkel Karls des Großen zu suchen, der Ludwig der Deutsche hieß und das ostfränkische Reich erbte. Dessen Name war zuerst 'Regnum Francorum orientalium' (östliches Frankenreich) oder kurz 'Regnum Francorum' (Frankenreich). Karl der Große gilt auch den Franzosen als ihr Kaiser, aber sie berufen sich auf ein älteres Geschlecht der Franken, das schon früher in der Pariser Region, der Ile de France, geherrscht hatte. Es sind die Merowinger, die um 500, drei Jahrhunderte vor den Karolingern, mächtige europäische Herrscher waren. Wenn im Folgenden von Frankreich vor 1200 gesprochen wird, ist immer dieses Kleinreich gemeint.

Frankreich in seiner jetzigen Gestalt beginnt erst im 13. Jahrhundert zu entstehen. Selbst der früheste Nachweis der Existenz einer romanischen Sprache stammt nur aus dem 9. Jahrhundert. Aus dieser romanischen Sprache hat sich viel später das Altfranzösische entwickelt.

VOLKSSPRACHE VULGÄRLATEIN – SCHRIFTSPRACHE LATEIN

Schon im antiken Rom sprach das Volk eine andere Sprache als die Schriftgelehrten. Man nennt es daher Vulgärlatein (vulgus = Volk). Mit dem Niedergang und Zerfall des Römischen Reiches entfernte sich die gesprochene Sprache immer weiter von der geschriebenen, zumal die herrschende Schicht aus anderen Kulturen kam, insbesondere germanischen. In deutschen Landen wurde das Vulgärlateinische ganz aufgegeben, während es sich im Süden und Westen ausdifferenzierte. Damals wurde in der Pikardie, im Burgund, in Lothringen und Wallonien, der Normandie wie der Bretagne und in der gesamten Südhälfte Frankreichs eine andere romanische Sprache als die der Ile de France gesprochen. In den Straßburger Eiden 842 wurde der Text für Karl den Kahlen in romanischer Sprache verfasst und für Ludwig den Deutschen in deutscher, weil das Vulgärlatein nicht mehr die verbindende gemeinsame Sprache war und keiner von beiden das schriftliche Latein beherrschte.

Der eigentliche Aufstieg Frankreichs zu einer europäischen Macht fand Jahrhunderte später unter Philipp II. (1165-1223) statt. Er trug, wie die römischen Kaiser, den Beinamen 'Augustus', der Erhabene. Aus einem recht unbedeutenden kleinen Reich um Paris herum machte er durch Kriege nach außen, Vertreibung der Juden und Kreuzzüge nach innen ein 'französisches' Großreich. Bis dahin hatten viele mächtige Fürsten nebeneinander geherrscht. Nun entstand der zentralisierte Staat mit Paris als Hauptstadt, Französisch als Amtssprache und dem König als oberstem Herrscher. Philipp förderte den Wandel von einem agrarischen Land zu einem zeitgemäßeren mit Handel, Gewerbe und Geldwesen. Die enormen regionalen Unterschiede wurden unter ein Dach gepfercht, unter dem sie weiterlebten. Noch 1789 in der Französischen Revolution sprach nur eine Minderheit von Frankreichs Bevölkerung Französisch. Von einem französischen Nationalstaat kann ernsthaft erst nach der Revolution die Rede sein, die in Napoleon einen neuen Cäsar nach oben spülte. Philipp II. hat im 13. Jahrhundert schon den absolutistischen Zentralstaat durchgesetzt, der in Frankreich bis heute ins 21. Jahrhundert wirkt. Dieser kriegerische, Engländer wie Deutsche besiegende, Juden vertreibende und Andersgläubige umbringende König gilt als der bedeutendste Herrscher Frankreichs, weil er es zur Größe geführt habe.

Frankreich begründet also seine Entstehung auf der Herrschaft der Franken, beginnend mit dem fränkischen Merowinger-König Clovis (Chlodwig I.). Er herrschte von 482 bis 511. Er beseitigte den letzten römischen Machthaber und schuf aus vielen Kleinkönigreichen ein westeuropäisches Großreich unter fränkischer Herrschaft. Die Macht dieser zahlenmäßig kleinen Elite war gering, so dass sie sich anpasste. Die galloromanische Kultur, die Herrschaftsweise und die Verwaltungspraxis der gallorömischen Elite wurden übernommen. Durch Übertritt zum katholischen Christentum wurden Konflikte mit der galloromanischen Bevölkerung verringert. Die Oberhoheit des oströmischen Patriarchen wurde aber nicht mehr anerkannt.

Es erscheint uns heutzutage grotesk, dass Frankreich sich auf das germanische Volk der Merowinger beruft, die während der Völkerwanderungen vorübergehend im heutigen französischen Gebiet herrschten, aber wieder verschwanden, ohne der Kultur einen bleibenden Eindruck zu hinterlassen, denn nicht einmal in der Sprache gibt es viele Wörter, die aus dem Fränkischen stammen. Es ist absurd, aber Chlodwig hat eine äußerst aktuelle Bedeutung in der Auseinandersetzung mit dem Islam. Frankreich sei vor ein und einem halben Jahrtausend entstanden und seitdem immer christlich geblieben. Die Berufung auf diesen Ursprung soll die Ablehnung des Islam im heutigen Frankreich rechtfertigen, denn Chlodwig ist damals zum römischen christlichen Glauben übergetreten. Es stört dabei nicht, dass er fränkisch sprach, also einen deutschen Dialekt. Es wird übersehen, dass der römisch-katholische Glaube erst im 13. Jahrhundert mit Schwert, Folter und Scheiterhaufen in Frankreich verallgemeinert wurde und die Religionskriege gegen den Protestantismus bis zur Französischen Revolution mehr als 5 Jahrhunderte währten, bis sich dieses Christentum in ganz Frankreich durchgesetzt hatte. Es wird verschwiegen, dass Frankreich das islamische Ottomanische Reich vor 200 Jahren als europäisch anerkannt hat und gemeinsam mit ihm in Europa Krieg geführt hat. Es wird verdrängt, dass seit der Kolonialzeit, die 1830 in Algerien begann, ein großer Teil der französischen Bevölkerung muslimischen Glaubens ist. Selbst ohne diejenigen Kolonien, die im 20. Jahrhundert aus der frankophonen 'Gemeinschaft' entlassen wurden, rechnet man heute mit 5 Millionen Moslems in Frankreich (gut 8 Prozent der Bevölkerung, zum Vergleich: in Deutschland etwa 5 Prozent beziehungsweise 4 Millionen). Als Frankreich noch Algerien, Marokko und Tunesien umschloss, sah der Anteil ganz anders aus. Offiziell gibt es gar keine Unterschiede zwischen den Franzosen unterschiedlicher Herkunft, denn nach französischen Staatsbürgerschafts- und Antidiskriminierungs-Gesetzen sind öffentliche Befragungen zur ethnischen und religiösen Zugehörigkeit unzulässig.

Am 4. März 2011 besuchte der französische Staatspräsident Sarkozy I. die Stadt Puy-en-Velay in der Auvergne und hielt dort eine Rede über die christliche Leitkultur Frankreichs, die er auf diesen Merowinger Clovis zurückführte, der gelebt hat, bevor es Frankreich oder die französische Sprache gab. "Dieses (christliche) Erbe verpflichtet uns, denn nicht nur müssen wir es den nachfolgenden Generationen weitergeben, sondern es auch ohne Komplexe oder falsche Scham übernehmen." Sarkozy definiert die Identität Frankreichs als eine christliche. Diese nationale Identität habe zwar auch jüdische Wurzeln, aber sie müsse geschützt werden vor der Vielfalt, die durch die anderen Religionen bestehe. So grenzte er bei diesem Besuch den Islam aus der nationalen Identität aus.

Zugleich zeigte er sich beeindruckt von der romanischen Kirche in Puy-en-Velay, weil sie Zeugnis vom islamischen Einfluss ablegt: "er (sei) beeindruckt und bewegt" von den Inschriften in der Sprache der Soufis, der Sprache der ersten Koranveröffentlichungen. Diese christliche Wallfahrts-Kirche ist angeblich im romanischen Baustil erbaut. Schaut man jedoch genauer hin, ähnelt sie auf frappierende Weise islamischen Moscheen in Andalusien.

Der Einfluss islamischer Baumeister reichte damals bis in die innerste Kammer des christlichen Herzens von Frankreich in Puy-en-Velay.

Am 15. August 1095 rief Papst Urban II. in dieser Kirche zum Ersten Kreuzzug gegen den Islam auf. Fast ein Jahrtausend später begründete der französische Präsident an derselben Stelle den heutigen ideologischen und juristischen Feldzug gegen den Islam: mit der christlichen Leitkultur im Mittelalter der Völkerwanderungen.

DIE KATHEDRALE NOTRE DAME DE L'ANNONCIATION IN PUY-EN-VELAY

Wikipedia schreibt: "Die Kathedrale Unsere Herrin der Verkündigung in Puy-en-Velay ist ein Meisterwerk der romanischen Kunst und des christlichen Okzidents." Demnach ist sie eine Höchstleistung abendländischer Kultur, die wiederum christlich ist, und christlich bedeutet gemeinhin römisch-katholisch. Es heißt dann weiter: "Eine schwarze Jungfrau, Gegenstand vieler Wallfahrten im Lauf der Jahrhunderte, thront auf einem barocken Hoch-Altar. Die aktuelle Abbildung ersetzt jene, die vom Heiligen Ludwig bei seiner Rückkehr vom Ägypten-Kreuzzug der Kirche geschenkt und in der Französischen Revolution verbrannt wurde." Angeblich stellte diese Skulptur die Jungfrau Maria mit dem Jesuskind auf dem Schoss dar. 1778 untersuchte ein Wissenschaftler die Statue, Faujas de Saint-Fond, bevor sie verbrannt wurde, und ließ eine Gravur anfertigen, so dass wir einen Eindruck von ihr haben. Er stellte fest, dass es sich um eine sehr alte Statue der Isis handelte. Diese ägyptische Göttin der Fruchtbarkeit hält, so sagt Faujas de Saint-Fond, ihren Sohn Osiris auf dem Schoss und wurde später in eine christliche Skulptur umgewidmet. Derartige Skulpturen der Isis soll es häufiger geben. Heutige Forscher lassen auch die Hypothese zu, dass es sich um das Werk eines arabischen Künstlers vor 1000 handelt. Das ist jedoch absurd, denn das Motiv der Göttin mit ihrem männlichen Kind auf dem Schoss, das von ihr gestillt wird, entstammt der ägyptischen Mythologie, wurde von dort geraubt und hat nichts mit dem Islam zu tun. Besonders bemerkenswert bleibt die Tatsache, dass die katholische Kirche mit Maria nicht nur eine Muttergottheit eingeführt hat, um die patriarchale Dominanz im christlichen Glauben abzuschwächen. Sondern sie hat sich zu diesem Zweck einer heidnischen Gottheit bedient, die schon von den jüdischen Vorfahren bekämpft worden war. Der Marienkult ist ein vorchristlicher und vorjüdischer Kult der Gottesmutter, der sich im alten Ägypten mit Isis nachweisen lässt und für matriarchale Kulturen typisch ist. Der katholische Begründungszusammenhang veränderte allerdings die Stellung der Frau, denn Maria ist die absolute Gottesdienerin und nur deshalb göttlich, weil sie Gottes Sohn geboren hat. Der Zusammenhang der Zeugung mit der sexuellen Lust stellte für diese lustfeindliche Kirche ein Problem dar, denn Jesus war selbst menschlich geboren und hatte mehrere Geschwister. Man postulierte einfach, dass die Jungfräulichkeit dadurch nicht in Mitleidenschaft gezogen wurde. Als Gottesmutter wurde Maria von Geburt an von der Erbsünde befreit (unbefleckte Empfängnis), als Frau verlor sie die Jungfräulichkeit nie. Protestanten und Moslems akzeptieren ebenfalls den Glauben an die Zeugung durch den Heiligen Geist, aber beziehen dieses Wunder Gottes nicht auf Maria, sondern nur auf Jesus, wobei Jesus im Islam nur ein Prophet und nicht Gottes Sohn ist.

Alles deutet darauf hin, dass diese Kirche von Puy-en-Velay mehr ist als nur ein Zeugnis christlicher Kunst. Ihre Fassade stammt aus dem Ende des 12. Jahrhunderts und trägt deutlich arabische Züge. Der Bau der Basilika wurde im 11. Jahrhundert begonnen. In dem Loblied über die Meisterschaft christlicher Baukunst steht in Wikipedia folgender Abschnitt:

"Das orientalische Aussehen der Kathedrale und zahlreicher anderer Gebäude dieser Stadt überrascht den Besucher. Emile Mâle bemerkte die frappierende Ähnlichkeit, die zwischen der Moschee von Cordoba und dem Kloster von Le Puy besteht, die Verbindung von roten und weißen Materialien von dort unten (Ziegel und Stein) verwandelt sich auf dem vulkanischen Boden des Velay in schwarze und weiße Polychromie (Lava und Stein). Dieser Einfluss der arabischen Kunst ist innig verbunden mit der Geschichte der Stadt." Emile Mâle (1862-1954) war ein eminenter französischer Historiker und Spezialist der christlichen mittelalterlichen Kunst.

Es war und ist unübersehbar: Im 11. Jahrhundert war der arabische Einfluss aus Andalusien bis in das geistliche Zentrum Frankreichs gedrungen. Und nicht nur prägte die islamische Kultur die christliche Stadt, sondern diese Kultur war vorbildhaft, sie wurde nachgeahmt und in keiner Weise abgelehnt. Die Wurzeln dieser europäischen Kultur liegen im islamischen Reich von Cordoba.

Das war in der Zeit, als man wieder anfing, in deutschen Landen Häuser aus Stein zu bauen und die Stadt mit einem Wall und einem Graben zu umgeben. Wobei eine solche Stadt aber viele Freiflächen hatte, auf denen das Vieh gehalten wurde. In vielen Gegenden im Frankenreich (Karl der Große und Nachfolger) gab es gar keine Stadt, denn die Gesellschaft war bäuerlich. Die Bauern lebten und arbeiteten auf dem Gut des Grundherren, der Adliger oder Kleriker war. Das waren keine Höfe, sondern Anwesen mit Kirche, Werkstätten (Lederwerkstatt, Schmied, Wagner, Schneider, Tuchfärber, Schuhmacher), Brauerei, Mühle und Kelterei und einer Vielzahl von Feldern. Der mächtigste Grundherr war der König. Auf einigen Gutshöfen ließ der König steinerne Gebäude bauen, die man Pfalz nannte. Er hatte keine feste Hauptstadt, sondern zog mit seinem Hof von Pfalz zu Pfalz. In der Regel war er ungebildet und brauchte Personal, das des Lesens und Schreibens kundig war. Auch Karl der Große hatte anfangs dieses Problem.

Selbst in deutschen Landen, wo es kaum Städte gab, war der südliche Einfluss spürbar. Die größte romanische Kirche des Mittelalters steht in Speyer, es ist der Kaiserdom von Ludwig II. aus dem Geschlecht der Salier. Der Baubeginn des Doms war 1025. Ludwig wollte die größte Kirche des Abendlandes errichten lassen, die noch die bedeutendste Kirche der damaligen Zeit, die Abteikirche von Cluny, übertraf. Der Dom wurde 133 m lang und 33 m breit. Speyer hatte damals 500 Einwohner, heute 50000, so dass der Dom nicht mehr so deplaziert wirkt wie zu seiner Entstehungszeit. Anders jedoch ist der Besuch von Königslutter. Der Ort ist ebenso unbedeutend wie vor 900 Jahren, eine winzige niedersächsische Stadt nahe Braunschweig. Der Kaiserdom von Königslutter wurde 1135 von Lothar III. zum Ausdruck seiner kaiserlichen Würde und Macht gebaut. Er ist etwas kleiner als der Dom in Speyer, aber sein Eindruck ist überwältigend. Beiden Kirchenbauten gemeinsam ist der südeuropäische Stil. Der Bau lässt den Einfluss italienischer Kirchen in der (damaligen) Lombardei erkennen, die wiederum Stilelemente aus Andalusien aufnahmen. Dazu gehörte der Gebrauch verschiedenfarbiger Steine. Die beiden Ludwigs waren römisch-deutsche Könige und Kaiser des Heiligen Römischen Reiches. Der Kulturaustausch zwischen

Nord- und Südeuropa war für sie selbstverständlich, denn ihr Reich erstreckte sich von Sachsen bis Sizilien. Ausgehend von Andalusien hatte die Stadtentwicklung im Mittelmeerraum lange vor dem übrigen Europa angefangen. Ähnlich wie in Südfrankreich waren auch in Italien freie Städte mit eigenen Rechten entstanden. Ihnen eiferte man im Norden mit den Kaiserdombauten auf der Kaiserpfalz nach, ohne dass man die dazugehörige Stadt hatte.

WELTBILDER

711 begann die Eroberung der iberischen Halbinsel durch islamische Truppen. 1683 endete die Bedrohung christlicher Vorherrschaft in Europa, als der islamische Angriff auf Wien abgewehrt wurde. Nach der Zurückschlagung der Türken vor Wien 1683 setzte eine öffentliche Mode islamischer Kultur ein. Die Übersetzung der Geschichten aus 1000 und einer Nacht erschien 1704. Sie revidierten das Bild vom Orient.

1721 erschienen die 'Persischen Briefe' von Montesquieu. Das Jahrhundert der Aufklärung, das achtzehnte, brach die absolute Macht von Adel und Kirche, deren Bündnis gegen das Bürgertum so lange gehalten hatte. Die Karten wurden in der Französischen Revolution neu gemischt, aber Adel und Geistlichkeit passten sich an, die Durchsetzung der Menschenrechte und des säkularen Staates wurden auch danach behindert. Viele Staaten Europas sind bis heute als Monarchien konstituiert, haben religiöse Verfassungsinhalte, die ihrem aufgeklärten Anspruch widersprechen und sie in die Nähe islamischer Staaten rücken. Die Macht der Kirche und des Adels sind in Spanien oder Belgien eingeschränkter als im Iran oder in Marokko, aber die Unterschiede sind graduell, nicht prinzipiell. Selbst in Deutschland gelingt es dem Adel immer noch, gesellschaftlich Einfluss zu nehmen.

Die europäische Geschichte seit der französischen Revolution ist relativ bekannt, während das Jahrtausend der islamischen Beeinflussung Europas lieber verschwiegen wird.

Christentum, islamischer und jüdischer Glaube, diese drei Weltreligionen, die an den einen und einzigen Gott glauben (monotheistische Religionen), haben denselben Stammbaum – und der steht in Asien. Insofern sind es asiatische Glaubensrichtungen. Aber alle drei Religionen sind in Europa zu ihrer höchsten Entfaltung gelangt.

Es ist eine Frage des historischen Standpunktes, von dem aus wir schauen, ob wir unsere heutige Kultur als griechisch, römisch, germanisch, christlich, jüdisch oder islamisch betrachten. Tatsächlich ist sie all das und mehr. Aber die aktuelle politische Situation verlangt, dass der Islam subtrahiert wird. Er soll nicht mehr zur europäischen Kultur gehören, damit die 'Festung Europa' hält. Das war schon einmal so, vor 1000 Jahren, als das christliche Abendland einen jämmerlichen Eindruck machte und staunend sah, zu welchen kulturellen Hochleistungen die islamische Welt fähig war: auf europäischem Boden. Daraus entstand schließlich der Aufruf 'Re-Naissance', der verstanden wurde als Rückkehr zur alten

Größe des Römischen Reiches. Es war ein Abwehrkampf gegen eine neue Zeit, und er wurde verloren. Die Neuzeit kam, nach Spanien zuerst, dann nach Italien und schließlich auch gegen 1500 nach Deutschland. In diese Zeit gehören die christlichen Kriege (Kreuzzüge nach innen und außen) und das Heilige Römische Reich Deutscher Nation. Träger der neuen Zeit waren nicht die christlichen Kirchenleute, nicht die Adligen und Ritter, obwohl sie bis ins 19. Jahrhundert mit Schwert und Bibel die Welt eroberten, sondern das Bürgertum in den Städten, dessen Entstehung im Mittelalter Europa veränderte. Aber erst im 19. Jahrhundert hat es seine Macht entscheidend durchgesetzt.

Im Zentrum der Fehleinschätzungen steht Europa und sein überhebliches Selbstbild. Die Kultur des Abendlandes, wie sie sich seit der Renaissance entwickelt hat, wird über alle anderen Kulturen gestellt und aus sich selbst abgeleitet, obwohl die Ursprünge Europas in Asien und Afrika liegen. Deutschland ist nur kurze Zeit als völkermordende Kolonialmacht aufgetreten, so dass Kolonialismus und Sklaverei, aber auch die Hybris des weißen Mannes sich erst unter der Naziherrschaft austoben konnten.

Ganz anders hat Frankreich schon früh ein Kolonialreich mit einem Sklavenhaltersystem aufgebaut und in blutigen Kämpfen verteidigt. Aus aktuellem Anlass sei daran erinnert, dass vor mehr als 200 Jahren ein Aufstand Haiti befreit, die Menschenrechte deklariert, die Abschaffung der Sklaverei durchgesetzt und die Republik geschaffen hat, die von Napoleon wieder zerschlagen wurde, der auch die Sklaverei wieder in die Verfassung aufnahm. Frankreich hat nach dem 2. Weltkrieg zum Teil offen, zum Teil verdeckt (Fremdenlegion) noch zahlreiche Kriege geführt, um seine Kolonien zu behalten (Vietnam, Algerien, Neukaledonien...).

Dabei spielt die Arroganz des siegreichen Europäers eine traurige Rolle, weil er seine Überlegenheit aus der Zivilisation ableitet, obwohl sie aus den Waffen kommt, die er in grausamen Massakern demonstriert. Frankreich ist noch heute Kolonialmacht, selbst in den offiziell unabhängigen Staaten, wie Tunesien 2011 exemplarisch gezeigt hat, wo die französische Kriegsministerin dem Diktator Ben Ali bei der Aufstandsbekämpfung Sachverstand, Waffen, Material und tatkräftige Hilfe angeboten hat. Alle französischen Schüler müssen heue noch lernen, eine Weltkarte zu zeichnen, auf der sie eintragen, wo die französische Sprache gesprochen wird. Die Überschrift lautet: 'Das strahlende Leuchten des Französischen über die Welt'.

Auch Deutsche haben davon geträumt, über die ganze Welt zu herrschen, am ehesten ist es den Engländern gelungen. Der Commonwealth schuf gemeinsamen Wohlstand, zumindest für die Engländer. Die Zeit der europäischen Nationalstaaten, die einzeln oder mit mehreren versuchten, Weltherrschaft zu erlangen, ist jedoch vorüber. Europa kann nur noch im Verbund mächtig genug sein, um es mit anderen aufzunehmen, ohne in die Bedeutungslosigkeit abzusinken. Neben und mit den USA, bisweilen auch dagegen, wird versucht, die alten Machtverhältnisse zu bewahren.

Bei der Frage, wer zu Europa gehört, gibt es Streit, weil die Türkei und Russland historisch zu Europa gehören, aber nicht Bestandteil des Bündnisses sein sollen. Problematisch ist auch, wenn nicht alle mitmachen, die gebraucht werden, um mächtig genug auftreten zu können. Wie alle Großreiche hat auch dieses Europa auseinandertreibende Kräfte.

Bei der Frage nach dem Gründungsmythos gibt es eine pseudo-historische Ableitung, denn der Mythos rankt sich um die Renaissance, die sich auf die Antike beruft: Europa ist griechisch-römisch und hat die christliche Religion zu ihrer Erfüllung gebracht, so dass die europäische christliche Kultur über die ganze Welt verbreitet werden muss. Daraus entstand Handlungsbedarf, denn die Spuren des Islams in Europa müssen verwischt werden, wenn der Mythos greifen soll. Rassismus und Pogrome sind unvermeidlich, weil nicht nur der Islam, sondern auch seine Anhänger in Europa verwurzelt sind. Die Erfahrung der Judenvernichtung hat dazu geführt, dass heute von jüdisch-christlicher Leitkultur gesprochen wird. Darin steckt die Anerkennung der jüdischen Kultur, aber es waren gerade die nicht-orthodoxen Menschen jüdischer Herkunft, die oftmals konvertierten oder verweltlichten und dadurch entscheidend zur Aufklärung beitrugen. Die gesellschaftliche Emanzipation von der religiösen Vorherrschaft ist das bestimmende Merkmal seit der Aufklärung. Gleichzeitig steckt in der Anerkennung auch eine Umarmung, denn Israel gilt vielen als europäischer Vorposten in islamischem Feindesland und wird deshalb unterstützt. Israel wird jedoch zunehmend ein religiöser Staat und entfernt sich damit von der Aufklärung.

Wenn es nicht gelingt, die islamischen Wurzeln europäischer Kultur ebenfalls anzuerkennen, drohen verstärkt Übergriffe, Pogrome und Vertreibungen von Moslems aus Europa. Vergleichbar dem Antisemitismus wird der Moslem zum Feind aufgebaut, um den eigenen Zusammenhalt zu stärken und die Unterwerfung des Anderen zu erreichen. Erst wenn diese drei Religionen gleichberechtigt nebeneinander stehen, keine Staatsreligionen mehr sind, sondern auf weltliche Macht verzichtet haben und sich gegenseitig respektieren, kann die Macht einer einzelnen Religion gebrochen werden und eine wirklich aufgeklärte Gesellschaft entstehen. In diesem Sinne ist die Ringparabel von Lessing in 'Nathan dem Weisen' ein immer noch uneingelöstes Versprechen. Im Kern sagt sie, dass Toleranz geboten ist, weil keine Religion den Stein des Weisen besitzt.

Europa muss anerkennen, dass es dem Eindringen des Islam nach Europa die Renaissance verdankt. In den Jahrhunderten islamischer Herrschaft auf der iberischen Halbinsel hat es bedeutende Phasen gegeben, in denen die Aufklärung vorweggenommen wurde, weil die drei mono-theistischen Religionen friedlich nebeneinander existierten. In anderen Phasen hatte der religiöse Fanatismus die Oberhand – auf christlicher wie auf muslimischer Seite. Es ist nur wichtig festzuhalten gegen alle Diffamierungen des Islam, dass unter seiner Oberleitung das erste Experiment einer aufgeklärten Gesellschaft auf europäischem Boden stattfand. Es wurde von Christen in der Reconquista so nachhaltig zerschlagen, umgedreht und totgeschwiegen, dass es nahezu unbekannt ist. Über die Provence drang es jedoch nach Italien und immer tiefer ins nördliche Europa, bis es viele Jahrhunderte später wieder aufgegriffen wurde, als erneut ein islamisches Reich Europas Bewunderung erregte: das Osmanische bzw. Ottomanische Reich, die heutige Türkei. Es war lange Zeit ein sunnitisches Kalifat. 1529 versuchte das Osmanische Reich, Wien einzunehmen, und 1683 standen die Türken erneut vor Wien und drohten, ins Zentrum des christlichen Abendlandes vorzudringen. Auch in diesem Fall drückt die militärische Konfrontation zugleich aus, dass zwei Kulturbereiche miteinander um die Vormacht kämpften. Die Niederlage im Krieg verschleierte, dass der kulturelle Austausch stattfand.

Ce-a-ef-ef-e-e trink nicht so viel Caffee

Die Wiener Café-Kultur, wie sie sich in diesem Kinderlied ausdrückt, ist nicht das einzige Ergebnis dieser Konfrontation. Auch der französische Croissant, dieser köstliche Halbmond zum Frühstück, steht im Zeichen des Islams. Die so genuin europäische Musik des deutschen Mozart hat den orientalischen Einfluss aufgesogen. Er findet sich sogar in der Thematik wieder: 'Entführung aus dem Serail'. Die Konfrontation Europas mit der Türkei fand in einer Zeit heftiger Glaubenskriege unter Europas Christen statt.

TOLERANZ IM ISLAM

Der Islam betritt als letzte der monotheistischen Religionen die Bühne der Weltgeschichte und assimiliert den judaischen wie den christlichen Glauben. Allerdings zerfällt auch er in die unterschiedlichsten Richtungen, die sich untereinander heftiger bekämpfen als mit den Christen oder Juden. Die beiden Hauptströmungen sind Sunniten und Schiiten.

Für die meisten Sunniten ist die Offenbarung einzig, ewig und unveränderlich, alle Propheten (Adam, Noah, Abraham, Moses, Jesus und Mohammed) haben dieselbe Botschaft übermittelt. Jedoch zeigen die heiligen Schriften, die diese Botschaft widerspiegeln (die Psalmen, die Tora, das Evangelium, der Koran), dass es offenbare Unterschiede und Widersprüche gibt. Sie sind für den Sunniten der Beweis, dass die Anhänger der verschiedenen Religionen später Verfälschungen vorgenommen haben. Deutlichstes Beispiel sei das Evangelium, das in mindestens vier Fragmenten existiert. Der Koran sei die einzig unverfälschte Botschaft.

Die Schiiten hingegen vertreten, dass der Unterschied zwischen den Religionen zwar offensichtlich, aber der tiefe Sinn der Botschaft verborgen sei. Nur die Verkleidung, die verschiedenen Texte, seien unterschiedlich, die Botschaft immer dieselbe. Die verschiedenen Religionen seien kein Beweis für die Falschheit, sondern Ausdruck der unterschiedlichen Kulturen, in denen sie sich verwurzelt haben. Schon im 10. Jahrhundert vertraten Schiiten (Ismailiten, Imamiten), dass der kulturelle, historische und ethnische Kontext die unterschiedlichen religiösen Traditionen bestimmt. Jeder Prophet habe, um von dem Volk verstanden zu werden, zu dem er geschickt wurde, seine Sprache gesprochen, seine Sitten und Gebräuche, seine Traditionen und seine Art zu denken berücksichtigt. Unter der Verpackung verbirgt sich eine ewige Wahrheit für die ganze Menschheit. Die schiitischen Ismailiten zitierten die Tora auf Hebräisch und das Evangelium auf Syrisch, weil sie ihnen denselben Status an Glaubwürdigkeit zugestehen wie dem Koran. Selbst die griechischen Philosophen, die Vor-Sokratiker, Platon und Aristoteles haben Weisheit vermittelt, die mit dem verborgenen Sinn des Korans in Einklang ist.

So haben diese Schiiten eine große Toleranz und geistige Öffnung nicht nur für andere Religionen, sondern auch für die Philosophie bewiesen. Sie haben den Reichtum des Wissens, der religiösen und philosophischen Traditionen erfasst und sich sogar von dem Hinduismus in Indien inspirieren lassen. Die mächtigsten Ismailiten waren die Fatimiden (nach Mohammeds Tochter Fatima benannt). Sie herrschten im 11. Jahrhundert über Marokko, Algerien, Sizilien, Ägypten und machten Raubzüge an der italienischen und französischen Mittelmeerküste. Unter ihrer Herrschaft nahm die Wirtschaft Ägyptens durch den Bau von Straßen und Kanälen und den Handel zwischen Indien und dem Mittelmeerraum einen großen Aufschwung. Drusen sind ebenfalls Ismailiten. Die heute dominierenden Schiiten im Iran sind weit entfernt von ihren Vorgängern, aber das muss nicht unbedingt dem Islam angelastet werden.

Zu Beginn des 20. Jahrhunderts lagen Prag und Wien im Zentrum Europas. Die Türkei hieß damals Osmanisches Reich und gehörte ebenso zu Europa wie das Russische Reich. Das ist nicht einmal ein Jahrhundert her und doch den meisten Deutschen unbekannt. Wenn es um die Mitgliedschaft in der Europäischen Union geht, werden beide Staaten nach Asien verlegt. Sie erscheinen so fremd wie die Religionen ihrer Einwohner, der orthodoxe christliche und der islamische Glaube. Es wird sogar behauptet, der Islam sei erst neuerdings durch die Arbeitsimmigranten nach Europa gedrungen. Diese und viele andere historische Lügen ranken sich um die Frage unserer kulturellen Identität. Die schwerwiegendsten Verfälschungen der europäischen Geschichte liegen länger zurück und sind deshalb um so nachhaltiger. Sie sind so sehr Allgemeingut und so wenig hinterfragt, dass auf Unglauben stößt, wer sie der Lüge verdächtigt.

Die Situation Europas hatte sich nach 1945 derartig verändert, dass die Spuren der Fälschung nicht mehr in unserem westeuropäischen Wahrnehmungsbereich lagen. Nach dem 2. Weltkrieg verschob sich der Schwerpunkt vom Zentrum Europas nach Paris, London und Bonn. Von der Etsch bis zum Belt war nicht mehr Deutschland, wie es in der Nationalhymne heißt, sondern ein eiserner Vorhang, der den Osten absperrte. Unser kleines Europa, in dem wir frei herumreisen konnten, beschränkte sich auf Skandinavien, die Beneluxländer, Frankreich und Großbritannien; die Alpen und die Pyrenäen begrenzten unseren Aktionsradius, nur Griechenland und Italien lagen etwas abseits und deuteten in eine andere Richtung. So konnten sie auch unsere Träume besetzen. Die iberische Halbinsel war faschistisch und zweifelhaftes Reiseland. Man wusste zwar, dass Pommern und Ostpreußen, Sudetenland und Ungarn auch zu Europa gehörten, aber sie waren unerreichbar und im wirklichen Leben inexistent. Das kleine Rest-Europa war der freie Westen und gehörte zu den USA. Hinter dem eisernen Vorhang herrschte der Kommunismus, die Unfreiheit und der Unglaube. In der BRD gab es zwei Religionen: Katholizismus und Protestantismus. Im Prinzip wussten wir auch von den Juden, aber die waren umgebracht oder geflohen, so dass ihr Beitrag zur europäischen Kultur erst einmal verwischt war. Das Schuldbewusstsein gegenüber den Juden hat heute immerhin dazu geführt, dass manche Politiker von der jüdisch-christlichen Leitkultur sprechen und damit mehr oder weniger anerkennen, dass die Geschichte des Abendlandes auch eine jüdische ist. Lessings 'Nathan der Weise' gehörte zum Pflichtkanon im Deutschunterricht, und doch konnte dieses Meisterwerk der Aufklärung mit seiner Forderung nach Toleranz nicht verhindern, dass die europäische Tradition der Judenverfolgung im 20.

Jahrhundert zu einem Ausrottungsfeldzug unter deutscher Leitung führte. Das Ziel der Verdrängung und Beraubung einer geistigen, kulturellen, politischen und wirtschaftlichen Elite unter dem Vorwand einer rassischen Minderwertigkeit fand in großen Teilen der Bevölkerung Anklang.

Auch im Ausland, insbesondere in Frankreich, fanden die Nazis Bereitschaft zur Kollaboration. Etwa die Hälfte der französischen Bevölkerung war antisemitisch, viele leisteten aktive Judenverfolgung, die über Zuarbeit für die deutschen Besatzer weit hinausging. Die Aufarbeitung hat in Frankreich erst in den achtziger Jahren mit dem Prozess gegen den Gestapo-Chef von Lyon, Klaus Barbie, begonnen. Spricht man ausschließlich von der jüdisch-christlichen Leitkultur, lässt man die griechisch-orthodoxe, die russisch-orthodoxe oder die koptische Kirche außer Betracht, aber das entsprach auch lange Zeit unserem Wahrnehmungsfeld. Nur ist die Sachlage heute bei veränderter Geografie eine andere.

Zwei politische Großereignisse verschoben den Standpunkt und damit auch die Sichtweise. Das erste war das Ende des Faschismus auf der iberischen Halbinsel. Der Sturz Francos und Salazars führte verstärkt zu Reisen nach Andalusien. Das zweite war das Ende des autoritären Kommunismus im Osten unseres Staates. Der Zusammenbruch der UDSSR hob den Vorhang vor Prag, Budapest und Sarajevo. Die europäische Geschichte wurde lebendig, Deutschland rückte nach Osten, die Elbe floss bis Prag, und Jugoslawien zerfiel. Mit Erstaunen lernten wir, dass der Islam auf dem Balkan sehr verbreitet ist. Zur griechisch-orthodoxen Kirche kam die russisch-orthodoxe hinzu und verwies uns auf die zentrale Rolle von Byzanz für die europäische Geschichte, das unter dem Namen Istanbul in der Türkei liegt.

CHRISTLICHE LEITKULTUR

Seit jüngster Zeit grassiert in Deutschland der Begriff der christlich-jüdischen Leitkultur, um einerseits eine Abgrenzung vom Islam zu manifestieren, der als fremd und nicht ohne weiteres integrierbar gilt, andererseits die eigene Kultur als demokratisch und freiheitlich zu deklarieren. Sicher gibt es eine deutsche Kultur, nur ist ein demagogisches Argument des Rassismus, sie als christlich-jüdisch in Abgrenzung zum Islam zu bezeichnen. Als westlich-demokratischer Staat grenzt Deutschland sich von 'religiös-fanatischen' Regimes ab, um sich nach innen zu stabilisieren.

Zweifellos ist das Christentum seit 1600 Jahren die Religion auf europäischem Boden, die überwiegend dominiert hat. Der Dreißigjährige Religionskrieg von 1618 bis 1648 ist der deutlichste Ausdruck davon, dass im Namen dieses Christentums Kultur vielfach zerstört wurde. Als Leitkultur war es Begründung für den blutigen Kampf um die Macht in Deutschland und Europa. Die europäische Kultur, auf die wir uns berufen, ist jedoch bedeutend älter und schließt eine ebenso lange Periode vor dem Christentum ein, in der das griechische und das römische Reich entscheidende Hochkulturen geschaffen haben, die unsere heutige abendländische Kultur noch immer beeinflussen. Es sei nur auf zwei so grundlegende Begriffe verwiesen wie Demokratie oder Logik. Sie standen im Austausch mit Indien und China, von wo ähnliche Entwicklungen ihren Einfluss hatten. Der Gedanke des Atoms, den wir den Griechen zuschreiben, wurde zuerst in Indien entwickelt. Die Griechen wussten auch schon, dass die Erde eine Kugel ist, und mussten bis in die Neuzeit warten, um rehabilitiert zu werden.

Die christliche Religion wurde im Niedergang des Römischen Reiches zur Staatsreligion, aber ihre römisch-katholische Variante brauchte vier Jahrhunderte, um sich durchzusetzen, denn erst einmal wurden andere Völker als das italienische in Europa bestimmend. Weder die Hunnen, noch die Franken oder die Westgoten waren christlich. Die Westgoten übernahmen dann den christlichen Glauben des Arianismus, der von Rom heftig bekämpft wurde, bevor sie auf ihrem Weg quer durch Europa in Spanien ankamen, wo sie römisch-katholisch wurden. Gegen 800 gelang es den Franken, ein neues Großreich in Europa zu schaffen, das dann auch christlich wurde. Aber der Triumph war von kurzer Dauer, denn um 1000 kam es zur Spaltung zwischen der römisch-katholischen und der griechisch-orthodoxen Kirche, und andere Strömungen wurden im Süden Europas virulent.

Die Katharer und Waldenser waren damals die wichtigsten oppositionellen Strömungen innerhalb der Kirche, die als Ketzer ausgeschlossen und verfolgt wurden. Größer aber noch war die Verunsicherung und Infragestellung durch den Siegeszug des Islam, der sich an den südlichen Rändern Europas Brückenköpfe erobert hatte. Christliche Kriege wurden heilig gesprochen und im Namen des Kreuzes, an dem Jesus gemartert wurde, nach innen und außen gegen die Bedrohungen geführt. Die Inquisition trug zur Dezimierung Andersgläubiger entscheidend bei, so dass im 13. Jahrhundert die römisch-katholische Kirche eine der stärksten weltlichen Mächte Europas wurde. Die christliche Leitkultur des 12. und 13. Jahrhunderts waren Schwert, Folter und Scheiterhaufen.

INQUISITION

Sie wird auch 'Heiliges Offizium' genannt und ist eine spezielle Rechtsprechung kirchlicher Gerichte, die unmittelbar dem Papst untersteht. 1184 wurde als erstes der Feuertod für Ketzer beschlossen, die nicht bereuen. Dann die Beschlagnahmung des Eigentums, der Gebrauch der Folter, die Geheimhaltung der Zeugen, das verkürzte Verfahren, die Unterstützung durch weltliche Macht. Es war kein Zufall, dass die Inquisition sich vor allem gegen Juden richtete, denn sie war nicht nur eine Fortsetzung der Kreuzzüge nach innen, sondern auch ein Finanzierungsinstrument. Der gewaltige Bau des Papstpalastes in Avignon wäre im 14. Jahrhundert kaum zu finanzieren gewesen, weil Seuchen und Hungersnöte die einfache Bevölkerung dezimiert und verarmt hatten. Aber die Inquisition suchte sich reiche Mitbürger heraus, die in jedem Fall ihr Hab und Gut verloren, selbst wenn sie am Leben blieben. Widerstand war zwecklos. Die päpstliche Inquisition hat zwar im 20. Jahrhundert ihren Namen gewechselt, und ihre Machtposition wurde abgeschwächt (sie verlor den obersten Rang), aber sie besteht als Kongregation für die Glaubenslehre weiterhin. Bis vor wenigen Jahren war der heutige Papst Ratzinger ihr Präfekt. Es finden keine Verbrennungen auf dem Scheiterhaufen mehr statt, aber Exorzisten zur Teufelsaustreibung werden weiter ausgebildet.

Im 14. Jahrhundert war Italien gespalten zwischen den Anhängern des Papstes und denen des deutschen Kaisers, vor allem aber wurde Frankreich zur stärksten Macht auf dem Festland und zwang die Päpste ins Exil, wo sie in Avignon ein Denkmal ihrer Macht und Angst hinterlassen haben, denn der Papstpalast in Avignon wurde eine gewaltige militärische Trutzburg. Die Schwäche der Päpste machte, dass sich kritische Strömungen weiter ausbreiteten und zu Beginn des 15. Jahrhunderts in die Reformation mündeten. Gelegentliche Pausen können nicht darüber hinwegtäuschen, dass die römisch-katholische Kirche die kriegerische

Auseinandersetzung mit den Abtrünnigen bis zur Französischen Revolution weitergeführt hat.

Das christlich gespaltene Deutschland hat im 30-jährigen Krieg erlebt, wozu eine religiöse Leitkultur fähig ist. Frankreich hat in der Hugenottenverfolgung dieser Leitkultur ein Denkmal gesetzt, das bis heute lebendig ist. Immer wieder begegnen wir Deutschen, die nach ihren hugenottischen Wurzeln suchen, drei Jahrhunderte nachdem ihre Vorfahren vertrieben wurden. Damals wurde Frankreich im Auftrag des sogenannten Sonnenkönigs (Louis XIV.) zugepflastert mit militärischen Festungsanlagen von Vauban (eine touristische Attraktion). Frankreich hat 1789 mit der Trennung von Kirche und Staat begonnen. Deutschland ist mit der Trennung nicht so weit gegangen wie Frankreich, doch überwiegend ist es ein weltlicher Staat, in dem Religionsfreiheit gilt. Historisch hat das Christentum auf deutschem Boden dominiert, nur ist das Christentum keine Staatsreligion mehr, weder in der protestantischen, noch der katholischen Variante, die sich Jahrhunderte lang gegenseitig bekämpft haben wie Schiiten und Sunniten. Trotzdem ist es staatsnah, und beide Kirchen üben insbesondere im Bildungswesen ihren Einfluss aus. Eine niedersächsische Ministerin 'mit Migrationshintergrund' wurde 2010 angegriffen und zurechtgewiesen, als sie in Frage stellte, ob das Lernen unter dem Kreuz sich mit religiöser Toleranz vertrage.

Die arabische Kultur hat in unserem Leben mehr Spuren hinterlassen, als die allermeisten ahnen. Admiral und Algebra, Atlas und Barock, Benzin und Bluse, Kaffee und Konditor, Droge und Gitarre, Karussell oder Lack, Koffer, Laute und Marzipan, Mumie und Mütze, aber auch die Rakete und der Reis, Schach, Scheck und sogar die Rasse, die Tasse und die Watte, das Sofa und der Zucker, eine Auswahl von Wörtern arabischer Herkunft. Historisch leitet sich selbst der Name Sarrazin von den Sarazenen ab, einem anderen Wort für Araber oder Mohammedaner.

Das Kalifat Cordoba führte zu einem kulturellen und wirtschaftlichen Aufschwung zuerst in Spanien und dann im südlichen Europa am Mittelmeer entlang bis Sizilien und Malta. Cordoba war vor 1000 Jahren die wohlhabendste europäische Stadt mit einer halben Million Einwohnern, gepflasterten Straßen, die nachts beleuchtet waren, fließendem Wasser in den Häusern, öffentlichen und unentgeltlichen Schulen und Bibliotheken und religiöser Akzeptanz von Juden und Christen: eine relative Gleichheit aller im irdischen Dasein.

Okzitanien im Süden und Aquitanien im Westen Frankreichs wurden in den folgenden Jahrhunderten kulturelle Zentren, anschließend entwickelten sich die italienischen Stadtrepubliken, auch der Norden Europas wurde transformiert, nicht zuletzt durch die Hanse. Neu und einzigartig für lange Zeit waren Bewässerungssysteme, Befreiung der Wissenschaften und die Anfänge von Frauenemanzipation. Die christliche Leitkultur, so lange sie führender Bestandteil des Herrschaftsapparates war, ist weder für den Beginn der Neuzeit, der sogenannten Renaissance, verantwortlich, noch für die Aufklärung. Die Trennung von Kirche und Staat muss immer wieder und immer mehr gegen alle Glaubensgemeinschaften durchgesetzt werden.

JÜDISCHE LEIDKULTUR

Viele Menschen jüdischer Abstammung haben die europäische Kultur maßgeblich beeinflusst und mitbestimmt. Der jüdische kulturelle Beitrag in diesem Sinne ist erheblich.

Moses Maimonides war einer der bedeutendsten Gelehrten des Mittelalters. Er war Jurist, Arzt und Philosoph, ist etwa 1135 in Cordoba geboren und 1204 in Kairo gestorben.

In Deutschland berühmt wurden Moses Mendelssohn und Heinrich Heine, Rahel Varnhagen und Karl Marx, Frans Kafka und Anna Seghers, Ernst Bloch und Theodor Adorno und viele, viele mehr.

Jüdische Künstler des 20. Jahrhunderts in Frankreich waren beispielsweise Amedeo Modigliani, Camille Pisarro und Marc Chagall.

Allerdings besteht ihr kultureller Beitrag nicht auf Grund der Religion, sondern trotz der jüdischen Religion. So lange Juden in Ghettos ausgesperrt ihre Orthodoxie lebten, fand kaum ein kultureller Austausch statt. Die Voraussetzung war also, dass sie erst einmal als Mit-Bürger gesellschaftlich akzeptiert wurden und sich anderen Kulturen öffnen konnten. Seit dem Mittelalter wurden sie jedoch verfolgt, unterdrückt und nur am Rande der Gesellschaft (zum Beispiel im als schmutzig erachteten Geldwesen) toleriert. Im Süden Frankreichs gab es vier Enklaven (die provenzalischen Städte Avignon, Carpentras, Cavaillon und Isle-sur-la-Sorgue), in denen sie einigermaßen sicher waren, nicht umgebracht zu werden. Es waren freie Städte, in denen sie überleben konnten, obwohl oberster Herrscher der Papst war. Er hatte diese Region der Provence östlich der Rhône als Dankesgabe vom französischen König für die Mithilfe bei der Ausrottung der Katharer erhalten. Die Toleranz der provenzalischen Fürsten gegenüber Andersgläubigen hatte auch den Juden gegolten und wurde vom Papst anfangs beibehalten. Das Argument war angeblich, dass Jesus selbst ein Jude war, aber im römisch-katholischen Machtbereich schützte dieses Argument nirgends sonst. Es hatte seinen Grund nur in der Besonderheit südfranzösischer Städte, die sich ihr eigenes Parlament wählten, an dessen Spitze gewählte Konsuln regierten. Deren Rechtsprechung war liberaler als die katholische. Auch in diesen Freistädten verschlechterte sich die Lage der Juden im Lauf der Jahrhunderte. Immer mehr Menschen flüchteten in die vier Städte, wo Ghettos eingerichtet wurden, die 8- bis 10-stöckige Häuser bauten, um alle aufnehmen zu können. Ihre Ghettos wurden nachts geschlossen. An Feiertagen durften die Bewohner nicht hinaus, wobei die Zahl der christlichen Feiertage beständig erhöht wurde und bis zu 130 Tage im Jahr betragen konnte. Die hygienischen Verhältnisse wurden untragbar, wobei Hygiene für Juden besonders wichtig war. Sie tranken auch nicht von pestverseuchten Brunnen, weshalb sie von den ignoranten Christen der Brunnenvergiftung beschuldigt wurden. Erst fünf Jahrhunderte später brachte die Revolution den französischen Juden dauerhafte Erleichterung bis zum Einmarsch der Nazideutschen.

Die Ursache für ihren Beitrag zur europäischen Kultur liegt in der besonderen gesellschaftlichen Stellung und in der Akkulturation jüdischstämmiger Menschen seit der Aufklärung. Das bürgerliche deutsche Judentum (Moses Mendelssohn, Marcus Herz, David Friedländer) emanzipierte sich und nahm an den Diskussionen teil. Sein Interesse war die Trennung von Religion und Staat und zugleich, sich in die Gesellschaft integrieren zu können. In Industrie, Handel, Finanzwesen, Kultur, Wissenschaft und Kunst stiegen viele Menschen jüdischer Abstammung gesellschaftlich auf. Ökonomisch, wissenschaftlich, künstlerisch war ihr kulturelles Wirken so einflussreich, dass sie am Ende des 19. Jahrhunderts gesellschaftlich mitbestimmend waren (nicht nur in Deutschland) und sich der jeweiligen nationalen Kultur angepasst hatten.

Das ultra-orthodoxe Judentum bestand dennoch weiter und macht heute etwa 10 Prozent der israelischen Bevölkerung aus. Es stellt den Glauben über das Wissen und lehnt die Aufklärung ab. In der großen Mehrheit assimilierten sich die jüdischen Menschen in Westeuropa, konvertierten vielfach, ihr jüdischer Glaube verlor im Alltag an Bedeutung. Aus dem orthodoxen Ghetto gingen sie in die Mitte der Gesellschaft. Gerade deswegen wuchs die Gegnerschaft, denn die gesellschaftlichen Machtpositionen wurden nicht kampflos geräumt. Um so stärker wurde zugleich der Antisemitismus, der in der katholischen Kirche einen wichtigen Verbündeten hatte. Um die Wende zum 20. Jahrhundert machte die Dreyfus-Affäre deutlich, dass die Hälfte der französischen Bevölkerung antisemitisch war. Die vergleichbare Situation in Deutschland wurde von den Nationalsozialisten zum Genozid verallgemeinert, der bis heute in zahlreichen Ländern Fürsprecher findet. Selbst der Papst hat sich im Zweiten Weltkrieg der Judenvernichtung klammheimlich nicht widersetzt.

Die Bezeichnung 'christlich-jüdische Leitkultur' ist somit ein Widerspruch in sich, denn die christliche Kultur war ein ideologisches Fundament der Unterdrückung bis zur Vernichtung von Juden. 1965 erst hat sich das Zweite vatikanische Konzil anderen Religionen geöffnet und das Judentum anerkannt. Der Ansatz zum gleichberechtigten Gespräch zwischen den verschiedenen Religionsgemeinschaften (Ökumene) wurde in jüngerer Zeit wieder zurückgenommen. Der deutsche Papst Benedikt XVI. hat 2009 die Exkommunikation von vier Mitgliedern der Pius-Bruderschaft wieder aufgehoben. Die Bruderschaft nennt sich nach Pius X., der Ende des 19. Jahrhunderts wirkte. Er hat de facto die Kastration von Knaben abgeschafft, die üblich war, um die Frauenstimmen im Sixtinischen Chor zu besetzen. Ansonsten aber hat er sich als Antimodernist einen Namen gemacht und ist somit ein Vorbild vieler rückwärtsschauender Katholiken. Papst Benedikt geht nicht so weit wie Richard Williamson (einer der Pius-Brüder), den Holocaust zu leugnen und als Propaganda zu diffamieren, aber er hat die lateinische Messe mit der antisemitischen Karfreitagsfürbitte wieder zugelassen.

KARFREITAGSFÜRBITTE

Dieses Gebet entstand erst im 6. Jahrhundert, nachdem das Christentum zur Staatsreligion geworden war und sich vom Judentum entfernt hatte. Seitdem gibt es die Charakterisierung der Juden als 'perfidis'. Wörtlich heißt das 'ungläubig', daraus wurde mit der Zeit 'treulos' oder auch 'perfide'. Man bat Gott in diesem Gebet gegen die Juden, den 'Schleier von ihren Herzen' zu nehmen, damit sie Christus erkennen und so aus der 'Verblendung' und 'Finsternis' gerettet werden. 1956 wurde diese Fürbitte auf Grund des Holocaust in dieser Form abgeschafft.

Zwar grenzen sich die protestantischen Kirchen von der Judenverachtung bei Katholiken und Anglikanern und auch bei Martin Luther ab, aber historische Tatsache bleibt die Bedrohung jüdischen Lebens und jüdischer Kultur durch das Christentum in seiner Mehrheitsströmung. Ein Amalgam aus jüdischer Leidkultur und christlicher Leitkultur zu machen ist historisch kaum zu begründen.

Übersehen wird bei dieser Auseinandersetzung in der Regel eine Epoche, die für Europas Kulturentwicklung zentral war und in der die Juden einen hervorragenden Platz einnahmen. Sie waren gesellschaftlich nicht nur einflussreich, sondern bis hinauf zu den Herrschern anerkannt und angesehen – wenn auch mit Schwankungen. Es ist die Epoche von 'Al Andalus', der islamischen Herrschaft auf der iberischen Halbinsel, die von Arabern und Berbern ausgeübt wurde. Die Gesellschaft von Al Andalus setzte sich hauptsächlich aus drei Religionsgruppen zusammen: Christen, Muslimen und Juden. Letztere waren in Wissenschaft, Handel und Gewerbe aktiv. Die Vorstellung der Moslems war, dass Judentum und Christentum in ihren Offenbarungsschriften neben vielen Verfälschungen und Verstellungen der wahren Lehre auch zahlreiche richtige und mit dem Koran in Einklang stehende Inhalte überlieferten, zumal alle drei Religionen sich auf die Bibel beriefen. Der Großteil der Bevölkerung blieb anfangs christlich. Es gab keinen nennenswerten Widerstand der einheimischen Bevölkerung. Die herrschenden Westgoten machten damals 10 Prozent der Bevölkerung aus. Die Oberschicht konvertierte relativ bald, um die Stellung zu halten. Daneben gab es große jüdische Gemeinden mit mehreren Hunderttausend Mitgliedern. Die Muslime kamen als Befreier, da die Juden unter den christlichen Goten sehr zu leiden hatten. Mit Gewalt und Strafen wurde von den Goten versucht, sie zum Christentum zu bekehren. Juden waren daher sogar bereit, an der Seite der Araber zu kämpfen. Wer nicht zum Islam konvertierte, blieb Bürger und Schutzbefohlener des islamischen Staates. Das islamische Gesetz bestimmte, dass er seine Religion weiter ausüben durfte. Ihm wurde sogar ein eigenes Gemeinderecht für innergemeindliche Angelegenheiten zugestanden, sofern darin keine Muslime betroffen waren. So gab es nirgendwo anders in Europa einen Ort, an welchem besonders die Juden derart sicher leben konnten wie im islamischen Spanien. Im Laufe der Jahrhunderte passten sich auch immer mehr Christen an und erlernten die arabische Sprache, man nannte sie 'Mozaraber' (die Arabisierten). Das Gemisch verschiedener Rassen, Religionen, Kulturen und Traditionen wurde vom Islam beherrscht, der sich auch als Religion durchsetzte (drei Viertel der Bevölkerung waren schließlich islamisch).

Es brauchte einige Zeit, bis es zu einem Aufblühen von Künsten und Wissenschaften kam. Granada hatte im 11. Jahrhundert einen jüdischen Bevölkerungsanteil von womöglich 50%. Die muslimische Herrscherfamilie des Stadtstaates Granada hatte die Geschicke der Stadt zunehmend in die Hände des Juden Schmuel ha-Nagid (Samuel ibn Naghrela) gelegt. Er war ursprünglich Gewürzhändler aus Cordoba (993 geboren), wurde aber berühmt als Dichter in arabischer und hebräischer Sprache. Er war Oberhaupt der jüdischen Gemeinde. Der arabische Herrscher machte ihn zum Großwesir (Minister) und Militärführer. Praktisch regierte er für den muslimischen Herrscher.

Nach seinem Tod folgte ihm sein Sohn Joseph ibn Naghrela (Yusuf), der als Wesir seine herausragende Stellung zur Schau stellen wollte. Er errichtete sich über der Stadt einen Palast, den man – später erweitert – heute noch sehen kann: die Alhambra. Für diesen Prachtbau musste die Bevölkerung bezahlen. Durch diese Machtdemonstration brachte er die muslimische Bevölkerung gegen sich auf, er wurde gestürzt und ermordet. Bei dem anschließenden Pogrom im Jahre 1066 starben vermutlich 1600 jüdische Familien. Dieser Gewaltakt war im islamischen

Spanien eine Ausnahme, während die Juden in Deutschland damals häufig Gewalt und Vertreibung erlitten.

Am Ende des 15. Jahrhunderts lebten noch etwa 50 Tausend Juden in Granada und 100 Tausend im gesamten muslimisch beherrschten Iberien, die teilweise wirtschaftlich oder gesellschaftlich bedeutende Positionen einnahmen, beispielsweise als Steuereinnehmer, Finanzier, Händler, Übersetzer oder auch Arzt und Diplomat. Juden waren seit sieben Jahrhunderten auf der Iberischen Halbinsel ansässig und integriert, als 1492 ihre Vertreibung aus allen spanischen Gebieten begann, außer sie waren bereit, Christen zu werden. Das war das Alhambra-Edikt der katholischen Könige, das erst 500 Jahre später vom heutigen spanischen König Juan Carlos I. widerrufen wurde: 1992. Er entschuldigte sich offiziell beim Staat Israel für das Unrecht, das den Juden während der Spanischen Inquisition widerfahren war. Die Inquisition verfolgte alle Konvertierten, weil sie misstrauisch war und den Unglauben ausrotten wollte. Viele Juden endeten auf dem Scheiterhaufen.

Die Juden der Diaspora in Spanien und Portugal und ihre Nachfahren heißen Sepharden. Sie flohen nach Süden in den Maghreb (Nordwestafrika) nach Fes und Casablanca und in den Osten, vor allem in das Osmanische Reich. In Griechenland und Mazedonien (insbesondere Thessaloniki), aber auch in Istanbul und Venedig ließen sie sich nieder. Einigen gelang die Flucht nach Norden, wo sie in den Handelsstädten der Niederlande (Amsterdam) und Norddeutschlands (Hamburg) unterkamen oder in andere Kontinente zogen. Ihre iberische Kultur behielten sie bei.

Die dramatische und erschütternde jüdische Geschichte kann erklären, aber nicht entschuldigen, wenn neues Unrecht geschieht, wo Juden zu Tätern werden. Eine jüdische Leitkultur, wenn sie an die politische Macht kommt wie in Israel, unterscheidet sich von anderen fundamentalistischen Herrschaftssystemen nicht grundsätzlich, sondern hat sich ihren Gegnern unter islamischer Flagge angeglichen. Sendungsbewusstsein, Rassismus, Unterdrückung Andersgläubiger, kriegerische Raubzüge im Namen desselben Gottes der Bibel sind anscheinend keine Spezialität von Moslems oder Christen.

ISLAM UND CHRISTENTUM

Der deutsche Papst Benedikt XVI. sucht die Konfrontation mit dem Islam, seitdem er den römischen Thron bestieg. Bei einem seiner ersten Auftritte zitierte er einen byzantinischen Kaiser aus dem 14. Jahrhundert: "Zeig mir doch, was Mohammed Neues gebracht hat, und da wirst du nur Schlechtes und Inhumanes finden wie dies, dass er vorgeschrieben hat, den Glauben, den er predigte, durch das Schwert zu verbreiten." Die Empörung besänftigte er und behauptete dreist, es sei keineswegs seine eigene Meinung, er habe nur zitiert. Tatsächlich ging es ihm in dieser Rede um mehr. Er wollte nicht nur dem Islam ein positives Verhältnis zur Gewalt und zum Krieg zuschreiben, sondern auch die Entstehung des modernen Abendlandes aus der Verbindung des Christentums mit der griechischen Antike begründen:

"Dieses hier angedeutete innere Zugehen aufeinander, das sich zwischen biblischem Glauben und griechischem philosophischem Fragen vollzogen hat, ist ein nicht nur religionsgeschichtlich, sondern weltgeschichtlich entscheidender Vorgang, der uns auch heute in die Pflicht nimmt. Wenn man diese Begegnung sieht, ist es nicht verwunderlich, dass das Christentum trotz seines Ursprungs und wichtiger Entfaltungen im Orient schließlich seine geschichtlich entscheidende Prägung in Europa gefunden hat. Wir können auch umgekehrt sagen: Diese Begegnung, zu der dann noch das Erbe Roms hinzutritt, hat Europa geschaffen und bleibt die Grundlage dessen, was man mit Recht Europa nennen kann." (Rede von Benedikt XVI. in Regensburg am 12.9.2006)

Im Klartext vertritt der Papst die These, dass Europas Größe sich der Verbindung von griechischer Philosophie der Antike mit der christlichen Religion in der römisch-katholischen Kirche des Vatikans verdankt. Diese Rede war kein Ausrutscher, sondern die Ansage eines ideologischen Kampfes gegen den Islam um die religiöse Vorherrschaft. Benedikt XVI. war ehemaliger Leiter der katholischen Inquisitionsinstanz und damit für die Waffe der Kritik prädestiniert. Er weiß sie subtil zu nutzen. Als Beispiel soll eine spätere Rede dienen.

ANSPRACHE von PAPST BENEDIKT XVI. am 14.10.2009

"Bei der heutigen Generalaudienz möchte ich den heiligen Petrus Venerabilis vorstellen, der 1122, mit nicht einmal 30 Jahren, zum Abt von Cluny gewählt wurde. Bis zu seinem Tod am Weihnachtstag des Jahres 1156 trug er die Verantwortung für das berühmteste Benediktinerkloster des Hochmittelalters und seine zahlreichen Tocht-

ergründungen in ganz Europa. Sein Biograph kommentiert treffend: 'Der Freund des Friedens hat am Tag des Friedens in der Herrlichkeit Gottes seinen Frieden gefunden'. Die innere Ausgeglichenheit, die Sanftmut und die Rechtschaffenheit machten Abt Petrus in Cluny und auf seinen vielen Reisen zu einem Mann der Eintracht und zu einem Mittler in Spannungen und Konflikten. Er besaß zugleich eine bewundernswerte Standhaftigkeit und eine große Offenheit im Umgang mit anderen. Die Sorgen und Nöte der Kirche fühlte er in seinem eigenen Herzen und – entgegen der verbreiteten Mentalität seiner Zeit – wollte Petrus Venerabilis auch das Judentum und den Islam mit aufrichtigem Interesse kennen lernen, wozu er sogar den Koran übersetzen ließ. Bei all dem schöpfte er aus einer tiefen liturgisch geprägten Frömmigkeit, in der die Betrachtung des glorreichen Antlitzes des verklärten Christus eine zentrale Rolle spielte."

Papst Benedikt XVI. schreckt in der Auseinandersetzung mit dem Islam auch nicht vor historischen Verfälschungen zurück. Bei dieser Audienz am 14.10.2009 waren 10 Tausend Gläubige anwesend und wurden auf eine christliche Leitfigur aufmerksam gemacht, den Benediktiner-Abt Petrus Venerabilis, den Benedikt XVI. als den friedfertigsten Mittler zwischen den Religionen anpries. Sein Beiname Venerabilis bedeutet 'verehrungswürdig'. Er war Abt des bekanntesten und wichtigsten Klosters seiner Zeit. Cluny genoss außergewöhnliche Privilegien und stand unter dem direkten Schutz des römischen Papstes. Diesem klösterlichen Reich gehörten ungefähr 10 Tausend Mönche in mehr als 600 Klöstern an. Clunys Mönche wurden zu Päpsten und Kardinälen gewählt oder standen als Berater im Dienst von Kaisern und Königen. Tatsächlich war der Abt Petrus alles andere als ein Freund des Friedens mit Juden und Moslems. Andersgläubige schonte er in seinen Schriften nicht, vor allem die Juden, die für ihn die Feinde Christi waren. Er war zwar gegen das Töten von Juden, doch waren sie für ihn keine Menschen, sondern Tiere. Erst im Jahr 1143 lag die erste Übersetzung des Koran ins Lateinische vor und der Auftraggeber war eben dieser Abt Petrus. Aber nicht das sachliche Studium des Islam war das Motiv für sein Interesse, sondern dessen Widerlegung. Vor dem Hintergrund des militärischen Triumphes über den Islam dank der Stärke der normannischen Ritter ging es dem Abt von Cluny um eine 'wissenschaftlich' fundierte Auseinandersetzung mit dem Islam auch auf ideologischem Gebiet. Die Übersetzung ist Teil seiner Reihe von Schriften des 'christlichen Waffenlagers' gegen die häretische Lehre der Sarazenen. Petrus betrachtete den Islam als die wichtigste und die einzige Häresie, auf die die Christenheit noch keine adäquate Lösung gefunden hatte. Sein Ziel war die Bekehrung der Muslime. Dafür musste er die Christen von der Überlegenheit ihres

Glaubens überzeugen. Allerdings verschweigt unser heutiger Papst, dass ein halbes Jahrtausend vergangen war, bevor sich die römischen Päpste ernsthaft für den Islam interessierten.

Der Prophet Mohammed starb 632 in Medina. Fast fünf Jahrhunderte Ignoranz und Polemik folgten, bevor 1095 die Auseinandersetzung des römisch-katholischen Christentums mit dem Islam begann. Es war der 1. Kreuzzug, den Papst Urban II. in Frankreich zur Eroberung von Jerusalem ausrief, der dieses Bild vom überlegenen Islam militärisch korrigierte. Petrus Venerabilis lieferte das Arsenal, den Islam politisch zu bekämpfen. Deshalb bezieht sich Papst Benedikt XVI. auf ihn.

MOHAMMED

Er wurde um 570 n.Chr. in Mekka geboren. Die arabische Halbinsel wurde von Nomaden und Bauern besiedelt, bevor mit den Kaufleuten eine neue Schicht in den Städten entstand. Mekka war mit Medina die wirtschaftlich wichtigste Stadt Arabiens, ein bedeutender Marktplatz mit drei Messen im Jahr. Mekka war außerdem Wallfahrtsort, zu dem viele arabische Stämme pilgerten, weil dort der Mondgott verehrt wurde. Zweimal im Jahr wurden große Karawanenzüge organisiert, die ebenso zum Aufschwung führten wie der Niedergang der südarabischen Reiche. Immer mehr Menschen drangen nach Mekka, das auf halber Strecke zwischen Aden und Gaza lag. Mekka wurde zu einem wichtigen Handelszentrum auf der Seidenstraße, die von Ostafrika, China, Indien und Persien kam und über Syrien zum Mittelmeer führte, aber auch auf der Weihrauchstraße vom Jemen nach Ägypten.

Die Quraisch waren mächtige Kaufleute und beherrschten die Stadt Mekka. Der Finanzbedarf war erheblich, wenn eine Karawane zu organisieren war: tausende von Kamelen, hunderte von Begleitern, Tributzahlungen an die Nomaden, damit sie nicht raubten. So entwickelte sich in Mekka auch der wichtigste Finanzplatz neben Byzanz und Persien. Zahlungsmittel waren Edelmetalle, vor allem Gold und Silber. Neben Weihrauch und Myrrhe, Gold und Silber wurden Leder, Gewürze und Duftstoffe aus dem Südosten gehandelt, Baumwolle, Leinen, Waffen, Getreide, Öl aus dem Mittelmeerraum.

Mohammeds quraischitische Sippe Hakim war jedoch verarmt, die Eltern starben früh, sein Onkel zog ihn auf. Seine Amme war Beduinin, er hütete Herden in der Steppe und begleitete vermutlich Karawanen, bis er auf Anraten des Onkels mit 25 Jahren in die Dienste der wohlhabenden Kaufmanns-Witwe Chadidscha trat, die bedeutend älter war. Mohammed übernahm die Leitung ihrer Geschäfte und führte Karawanen. Sie bot ihm die Ehe an und hatte mehrere Töchter und Söhne mit ihm. So stieg er wieder auf und wurde vermögender Kaufmann.

Er engagierte sich im öffentlichen Leben, schlichtete Streitigkeiten. Mit Ende Dreißig durchlebte er eine Krise, kritisierte den Materialismus der Mekkaer und ihre 'primitive' poli-theistische Religion, suchte die Einsamkeit und erlebte die Offenbarungen, die später in Suren gefasst wurden und den Koran bildeten. Er fühlte sich zum Propheten berufen. 621 war er in Jerusalem und ist dort angeblich vom Tempelberg (dort steht heute die Moschee vom Felsendom) zum Himmel aufgestiegen. In dem Maße, wie Mohammed Anhänger gewann, wuchsen die Anfeindungen, so dass er 622 Mekka verlassen musste und nach Medina (alter Name: Yathrib) flüchtete. Dort baute er eine Gemeinschaft auf, die nicht nur religiös bestimmt war, sondern einer politischen Ordnung bedurfte. Diese Gemeinschaft (Umma) sollte Juden und Moslems gleichberechtigt einschließen. Rauüberfälle auf Karawanen Mekkas mündeten in kriegerische Auseinandersetzungen auch gegen jüdische und christliche Gemeinschaften. Feldzüge nach Süden und nach Norden führten zur Eroberung großer Teile der arabischen Halbinsel einschließlich Mekkas. Dabei ging er nicht immer barmherzig mit den Besiegten um, es kam auch zu Massakern. In diesen Jahren heiratete Mohammed noch etliche Frauen (mehr als die 4 erlaubten), die er zum Teil als Sklavinnen erbeutet hatte, und hatte außerdem Konkubinen. Fast all seine Frauen waren verwitwet oder geschieden, aber seine Lieblingsfrau Aischa war noch ein Kind, als er sie heiratete. Nur seine Tochter Fatima bekam Kinder, die das Erwachsenenalter erreichten. Mohammed starb im Jahre 632 in Medina, im Anschluss an eine große Wallfahrt nach Mekka, deren Zeremonie er genauestens festlegte.

SUNNITEN

Mohammed hatte seine Nachfolge nicht geregelt. Er bestimmte allerdings vor seinem Tod Abu Bakr zum Imman, dem Leiter des Gebetes. Das ist der geistliche Herrscher, denn er verbreitet die Gesetze Gottes. So wurde Abu Bakr von den mächtigsten Führern zum ersten Nachfolger des Propheten gewählt. Er war der Vater von Mohammeds Frau Aischa und damit Schwiegervater des Propheten, jedoch nicht blutsverwandt. Nach ihm wurde ein weiterer Schwiegervater, Umar, gewählt und dann Uthmann, der zwei Töchter Mohammeds geheiratet hatte. Daraus entwickelte sich eine Tradition, arabisch Sunna. Die Anhänger dieser Tradition heißen Sunniten.

SCHIITEN

Der vierte Nachfolger war Mohammeds Vetter und Schwiegersohn Ali, dessen Anhänger vertreten, der Imman Ali sei der erste göttlich legitimierte Nachfolger und nur ein Imman in Alis Nachfolge könne Kalif werden. Schia bedeutet Anhängerschaft und Alis Anhänger sind die Schiiten. Ali ibn Ali Talib war der erste Islamanhänger (seit seinem

9. Lebensjahr) und getreuer Gefährte von Mohammed. Er heiratete dessen Tochter Fatima und bekam zwei Söhne: Hassan und Hussein, Mohammeds Enkelkinder.

Die 500 Jahre von Mohammeds Eroberungen bis zum 'Heiligen Glaubenskrieg' der Christen, dem ersten Kreuzzug gegen den Islam, (der Papst, der ihn initiiert hatte, wurde später selig gesprochen) waren ein unaufhaltsamer Siegeszug des Islams, der allenfalls durch innere Streitigkeiten in Frage gestellt wurde. Gleich nach Mohammeds Tod wurden Damaskus (635) und Alexandria (642) erobert, etwa 19 Jahre danach wurde der Koran, das 'heilige Buch', niedergeschrieben. Wie viel davon auf Mohammed selbst zurückgeht, ist umstritten. Die Familiendynastie der 'Omajaden' war von 661 bis 744 an der Macht. Sie waren Anhänger des sunnitischen Islam und stammten wie Mohammed aus Mekka, waren aber nicht direkt mit ihm verwandt. Das Kalifat von Damaskus umfasste 680 das ganze persische Reich und reichte im Osten bis nach Indien und China und im Westen bis nach Tunesien. Unter Abd al-Malik Ibn Merwan (685-705) eroberten sie die gesamte Nordküste Afrikas vom Atlantik zur Sahara. Es wurde eine arabische Verwaltung aufgebaut: Einem Emir wurden Sekretäre (Katib) unterstellt, denen Schreiber (Wesire) zugeordnet waren. Der Verwaltungsrat (Divan) garantierte sowohl die Rechtssicherheit als auch die Verteidigung des Landes und war für die Steuereintreibung verantwortlich. Er war dem Kalifen unterstellt.

KALIF

Der Titel des Herrschers eines Kalifats bedeutet wörtlich: Nachfolger. Gemeint ist der Nachfolger des Propheten, Mohammeds, der von den gläubigen Führern gewählt wird. Schon der dritte und der vierte Nachfolger wurden ermordet, so dass es zur Spaltung zwischen Sunniten und Schiiten kam, die bis heute andauert. Der Kalif ist weltlicher und geistlicher Herrscher.

Die Zentrale der Regierung saß in Damaskus. Kuriere hielten die Verbindung mit der Hauptstadt, weshalb der Bau eines umfangreichen Straßennetzes mit den Eroberungen direkt einherging. Die Einführung des klassischen Arabisch in Wort und Schrift sowie die Anwendung der von Koran und Überlieferungen vorgegebenen Gesetze gehörten, ebenso wie die gemeinsame Währung, zur Vereinheitlichung der Verwaltung. Sie waren das verbindende Band bei dem Aufbau dieser neuen Gesellschaft, die Einhaltung der Gesetze des Glaubens stand dabei nicht im Vordergrund. Es war eine sehr tolerante Periode, die in einem Blutbad endete. Bei einem Bankett wurden alle Familienmitglieder der Omajaden massakriert, ein einziger konnte flüchten, weil er auf der Jagd war, statt zu tafeln.

Nach seiner Vertreibung aus Damaskus gründete dieser Omajade 756 das Emirat von Cordoba in Spanien, wo Araber und Berber sich um die Macht stritten, seitdem sie 711 in Gibraltar gelandet waren.

Der islamische Machtbereich war gut hundert Jahre nach Mohammeds Tod schon gewaltig: vom Indus und Ganges bis zum Ebro. Im Osten grenzte er an Byzanz, im Westen an das Frankenreich.

Das Bild, das sich die Christen vom Islam machten, drang nur langsam von den Rändern Europas vor. Sarazenen betrachtete man als Götzenanbeter. Mohammed selbst galt als Zauberer. Man kritisierte bemerkenswerterweise, dass der Islam sexuelle Freizügigkeit erlaubte. Die Chrisen bewunderten, dass die Muslime mehr als die Hälfte der Erde in ihrem Besitz hielten. Der Islam stellte in erster Linie eine Bedrohung ihrer Position dar, man fühlte sich unterlegen und minderwertig.

Mit der Entfernung von Spanien wuchs die Unkenntnis, Vorurteile konnten geschürt werden.

Besonders im Norden Frankreichs, in Flandern und in Deutschland, also gerade in den Ländern, die in keinem direkten Kontakt zu den Muslimen standen, entwickelte sich Ablehnung. Die militärische Stärke der Sarazenen war ein entscheidender Faktor. Man muss sich darüber klar sein, dass in der mittelalterlichen Gesellschaft andere Kulturwerte dominierten als in der bürgerlichen Gesellschaft der Neuzeit. Das Ideal des Ritters war das eines Soldaten: männliche Stärke. Raub und Eroberung waren positive Werte. Privates Eigentum war rechtlich nicht geschützt. Die Feudalherren lebten in Burgen auf dem Land. Die bürgerliche Stadtkultur existierte im Norden Europas nicht. Ein Held war, wer andere ermordete, ohne selbst verletzt zu werden. Kreuzzüge passten zu dieser Gesellschaft. Nicht zufällig beteiligten sich vor allem besitzlose Bauern und verarmte Adlige an den Kreuzzügen, die offiziell als Raubzüge ausgeschrieben waren und den Teilnehmern reiche Beute und Landbesitz in Aussicht stellten. In diese Zeit fällt auch die Gründung des Templerordens, einer Elitetruppe von mönchischen Soldaten, die unmittelbar dem Papst unterstellt waren. Ihr Armutsgelübde hinderte sie nicht daran, gewaltige Reichtümer anzuhäufen.

Vor diesem Hintergrund des Gefühls von Minderwertigkeit und Bedrohung muss man das Islambild des Mittelalters betrachten. Auch wenn heutzutage das Gefühl der Überlegenheit vorherrscht, hat diese Umkehrung die Herangehensweise nicht objektiver werden lassen. Und nicht zuletzt bleibt unter der westlichen Hybris immer ein Gefühl von Angst verborgen, die Rollen könnten sich erneut verkehren. Der Anschlag auf die Twintower 9/11 in New York hat die Fragilität der US-Dominanz sichtbar gemacht. Das Selbstwertgefühl ist brüchig. Psychohistorisch betrachtet reagierte die US-Gesellschaft wie ein großer Junge, dessen Phallus gekappt wurde.

Das ist aber nur eine Seite der Geschichte im Mittelalter, die der Herrschenden, deren Macht bedroht war, insbesondere der römisch-katholischen Kirche; auf der anderen Seite gab es die Faszination für diese reiche Kultur, die sich über die engen Grenzen hinweg um das ganze Mittelmeer herum ausgebreitet hatte und unsere abendländische Kultur grundlegend transformierte.

Die Ausbreitung hat mit einigen Besonderheiten des Islams zu tun. Es ist eine einfache, leicht verständliche Religion, weil es nur einen Gott gibt. Die komplizierte Dreieinigkeit der drei verschiedenen göttlichen Existenzformen Vater, Sohn und Heiliger Geist gibt es im Islam nicht, also auch nicht die ganzen Spitzfindigkeiten, aber die Propheten einschließlich Jesus sind beibehalten, so dass Juden und Christen leicht konvertieren können. Als Menschen des Buches (der Bibel) sind sie Schutzbefohlene und müssen nicht zur Bekehrung gezwungen werden. Eine Grundsäule des Glaubens ist die Wohltätigkeit, die Aufgabe also, Armen und Bedürftigen zu helfen. In armen ländlichen Gegenden ist diese soziale Verpflichtung eine große Hoffnung, noch heute begründen sich die Erfolge islamischer Gruppierungen auf ihrer Sozialarbeit (z.B. Ägyptens Muslimbrüder).

Eine ganz besondere Rolle aber spielt das Verhältnis zum Wissen und der Wissenschaft im Islam, dem wir verdanken, dass griechisches Wissen im arabischen Raum weiterentwickelt wurde, während es im europäischen Raum zu mönchischem Geheimwissen degenerierte. Das erste Wort, das Allah seinem Propheten Muhammad offenbarte, war: "Lies". In der ersten Sure ist von 'Schreibschrift' die Rede. Die Muslime wurden von Anfang an zum Wissenserwerb motiviert. Schon zur Zeit des Propheten begann man mit der Errichtung von Schulen. Das islamische Bildungssystem erreichte bald eine Qualität, die das christliche Abendland viele Jahrhunderte später erst einholte. Schon im 9. Jahrhundert renommierten islamische Universitäten und waren auch Anziehungspunkt für die wenigen Europäer, die lesen und schreiben konnten. Während in Europa Bücher als Rarität in den Klöstern unter Verschluss gehalten wurden, waren die islamischen Bibliotheken mit Millionen von Büchern angefüllt. Der Islam fordert den Menschen dazu auf, seine Umwelt zu beobachten und zu studieren, um die Zeichen der Schöpfung darin zu erkennen. Viele Verse aus dem Koran beschreiben Vorgänge aus der

Natur, die von der Schöpfung des Universums bis hin zur Befruchtung der Eizelle durch das Spermium reichen. Der Koran hat damit die wissenschaftliche Herangehensweise des Griechen Aristoteles akzeptiert, auch wenn Wissenschaft nicht als Selbstzweck betrieben wird, sondern um die Größe der Schöpfung zu begreifen. Auf dieser Grundlage wurden Medizin, Astronomie, Philosophie und alle anderen Wissenschaften lebendig gehalten und weiter entwickelt. Noch heute stehen wir staunend vor den architektonischen Meisterwerken dieser Kultur in Granada, Cordoba und Sevilla, die mehr als ein Jahrtausend alt sind.

Die westlichen Gesellschaften können sich heute brüsten, die religiöse Bevormundung und Verhinderung von Wissenserwerb eingedämmt zu habe. Dagegen gibt es vor allem in den USA wachsenden Widerstand insbesondere durch Fundamentalisten wie die Kreationisten, die nur die Bibel gelten lassen. Das eigentliche Problem aber ist die gesellschaftlich schwache Position der aufgeklärten Moslems, die angesichts der Aggressivität des Westens nachvollziehbar ist, aber es leicht macht, alle islamischen Gesellschaften pauschal zu diskreditieren.

DER TAUSENDJÄHRIGE KRIEG ZWISCHEN OST UND WEST

Der Kulturkrieg ist die massenwirksame Antwort auf eine ökonomische und soziale Krise westlicher Staaten, in denen die schlecht ausgebildeten Immigranten die eigentlichen Verlierer sind, weil sie von der Schule bis zum Arbeitsmarkt aussortiert werden. Ihre Ausgrenzung und Selbstausgrenzung bedingen einander und führen zu einer gesellschaftlichen Spaltung, in der alte Feindbilder re-aktualisiert werden können. Eines der ältesten ist die Bedrohung des Abendlandes durch den Orient.

Die Angriffe der Mohammedaner gegen Europa begannen schon bald nach dem Tod des Propheten:

Mohammed hatte sein Wirken auf der arabischen Halbinsel in Mekka begonnen und war 622 nach Medina gegangen, wo das erste Kalifat entstand. 636 wurde die antike syrische Stadt Damaskus von den Arabern erobert und zu ihrer neuen Hauptstadt. Auch Jerusalem fiel in ihre Hände, aber der Kalif gründete 762 im heutigen Irak eine neue Stadt und machte diese zum Zentrum: Bagdad.

Die Grenze im Osten Europas bewachte während vieler Jahrhunderte das Byzantinische Reich.

BYZANZ

Die Stadt am Bosporus, welche die Meerenge der Dardanellen zwischen Mittelmeer und Schwarzem Meer kontrolliert, hieß unter den Griechen Byzantion und wurde 330 nach Christus Konstantinopel. Im 6. Jahrhundert war es die größte Stadt Europas mit vermutlich 500 Tausend Einwohnern. Am Ende des 7. Jahrhunderts war das islamische Kalifat in Damaskus eine so starke Zentralmacht geworden, dass es das Monopol des byzantinischen Kaisers auf die Goldprägung brach. Bislang hatte der Kaiser den Orient beherrscht und nur lokales Kupfergeld oder sassanidische Drachmen zugelassen. Nun prägte der Kalif selbst goldene Münzen. Durch viele Angriffe der Araber sank die Einwohnerzahl von Byzanz, stieg aber später wieder an und blieb bis ins 12. Jahrhundert auf hohem Niveau.

Keine europäische Stadt kam im frühen Mittelalter der Metropole am Bosporus gleich: Sie hatte eine moderne Infrastruktur, es gab Aquädukte, Bäder und Kanalisation, Kliniken mit Abteilungen für die unterschiedlichsten Krankheiten, eine große Universität, selbst Polizei und Feuerwehr. Händler aus aller Welt trafen sich auf den Märkten der Stadt, deren großer Reichtum auf dem Überseehandel beruhte. Nur zum Vergleich: Im Mittelalter verfielen alle deutschen Städte, und noch um 1500, zu Beginn der Neuzeit, hatte die größte deutsche Stadt, Köln, gerade 50 Tausend Einwohner erreicht.

Die Kreuzfahrer zerstückelten das byzantinische Herrschaftsgebiet. Um 1300 hatte Konstantinopel nur noch etwa 100 Tausend Einwohner. Seine Rolle als wichtigstes Handelszentrum des Mittelmeers hatte es an die Hafenstädte Italiens abgegeben, insbesondere Venedig. Die Italiener betrieben in Byzanz eine Handelsniederlassung.

Das Byzantinische Reich hatte dem Ansturm eines neuen Volkes nichts mehr entgegen zu setzen: 1326 begann mit Osman I. der Siegeszug der Osmanen.

Im 15. Jahrhundert bestand Byzanz nur noch aus dem Stadtgebiet mit einigen Dörfern, die Einwohnerzahl war auf 40 Tausend gesunken.

Solange Byzanz in christlicher Hand geblieben war (wenn auch griechisch-orthodox) und den Bosporus bewachte, gab es für den Islam nur zwei geographische Orte, wo er nach Europa einfallen konnte: Sizilien und Gibraltar. Von Tunesien sind es über Lampedusa bis Sizilien mehr als 300 km, von Marokko nach Gibraltar 1 km 200 m. Den Anfang machte Italien, aber der erste Erfolg war in Spanien.

Im Auftrag des Kalifen schiffte sich Tariq ibn Ziyad mit einem kleinen Trupp von Kriegern im Jahr 711 von Marokko aus ein, um die iberische Halbinsel zu erobern. Am 30. April 711 erreicht er den Südzipfel, der dadurch den Namen Gibraltar erhielt.

GIBRALTAR

Der Name bedeutet 'Dschebel Tarik', also Berg des Tarik.

Es gelang Tarik in den folgenden 7 Jahren, die Westgoten zu schlagen, die dort die Herrschaft hatten, und fast die gesamte Halbinsel zu erobern. Noch vor den Pyrenäen machte Tariq Halt, aber Raubzüge führten die arabischen Truppen weit nach Europa hinein (bis in die Schweiz). Die Westgoten flüchteten sich in die Berge Asturiens, von wo aus sie den christlichen Widerstand organisierten.

Seit 652 gab es arabische Angriffe auf Sizilien, das damals in der Hand von Byzanz war. Im Laufe der Jahrhunderte fiel eine Stadt nach der anderen. 965 war Sizilien vollständig in islamische Hand geraten. Sunniten aus Tunesien, aber auch nordafrikanische Berber und Truppen aus Andalusien hatten die Insel erobert und ein Emirat gegründet. Die Landwirtschaft entwickelte sich ebenso wie das städtische Handwerk, so dass man auch exportieren konnte. Palermo wurde zur Hauptstadt und wuchs auf 300 Tausend Einwohner an, von denen um das Jahr 1000 die Hälfte christlich und die andere Hälfte muslimisch waren. In dieser einzigen Stadt lebten mehr Menschen als damals im gesamten deutschsprachigen Gebiet.

870 hatten Mohammedaner auch Malta besetzt. Von 707 bis 902 dauerte es, bis die Balearen erobert waren und dem Emir von Cordoba unterstellt wurden. Das Mittelmeer und der Handel wurden in den folgenden drei Jahrhunderten von der islamischen Kultur beherrscht und geprägt. Aus dieser Zeit stammt die Errichtung von Trockenmauern zum Bau von Terrassen, Bewässerungsgräben und Brunnen, die für die Landwirtschaft gebraucht wurden.

Die Machthaber auf Sizilien waren im 10. Jahrhundert zwar schiitische Fatimiden, die jedoch Kairo zu ihrem Zentrum machten. Die Entfernung zur Besitzung auf Sizilien war groß, die Truppen weit. Die Balearen hingegen lagen strategisch günstig vor dem Machtbereich des Emirats Cordoba, aus dem später das Kalifat Cordoba wurde, in dessen Einflussbereich sie somit gehörten.

EMIR

Ursprünglich ist ein Emir der Befehlshaber einer militärischen Einheit, der zum Admiral wird, wenn es eine Einheit auf See ist. Der Titel bezeichnet im Weiteren den Befehlshaber einer Provinz im Sinne eines Gouverneurs.

Der Emir von Sizilien konnte deshalb unbehelligt von seinem obersten Herrscher, dem Kalifen in Kairo, über die Ausdehnung seines Machtbereichs nachsinnen.

Das byzantinische Reich wurde von 797 bis 802 von der Kaiserin Irene von Athen regiert. Dort war weiterhin das Griechische die Kirchensprache und wurde die griechische Kultur hochgehalten. Die Römer galten als primitiv. Dass mit Irene von Athen eine Frau Kaiser(in) wurde, widersprach dem west-römischen Recht. Deshalb brüskierte der römische Papst den byzantinischen Patriarchen und krönte den Franken Karl (den Großen) 800 in Rom zum katholischen Kaiser. Karls Vater Pippin hatte den Papst schon zum weltlichen Herrscher über den Kirchenstaat ernannt, so dass 800 in Rom ein machtvolles Bündnis gegen das byzantinische Reich entstanden war. Rom konkurrierte dank der fränkischen Stärke mit Byzanz um das europäische Abendland: Ostrom gegen Westrom, ein weiterer, äußerst gravierender Ost-West-Konflikt, der auf das alte Schema passte, aber innerchristlich war. Rom war eine zurückgebliebene Kleinstadt im Vergleich zu Konstantinopel, als der römische Papst mit Karls Hilfe das weströmische Kaisertum wiederbelebte.

Das europäische Zentralreich der Franken unter Karl dem Großen zerfiel bald wieder. Im Westen entstand das spätere Frankreich, dessen Aufstieg noch bevorstand, weil seine südlichen Landesteile in Okzitanien einen

Sonderweg gingen. Spanien war unter arabischer Herrschaft. Italien war ein Streitpunkt zwischen dem päpstlichen Vatikanstaat West-Rom, dem byzantinischen Ost-Rom, den Arabern in Sizilien und dem Deutschen Reich. Es war im 9. und 10. Jahrhundert ein Krieg an vielen Fronten mit vielen Beteiligten.

Ein Beispiel war die Situation an der Côte d'Azur bei Fraxinetum. Im 1. Kapitel haben wir schon beschrieben, dass die Mohammedaner dort ein florierendes Handelskontor des Kalifen aus Cordoba errichtet hatten. Die Machtverhältnisse im Burgund (zu dem auch die Provence gehörte) und in Italien waren damals verwirrend und führten zu ständigen Kämpfen, an denen deutsche Fürsten beteiligt waren. Graf Hugo von Arles war König von Italien und hätte 944 fast Fraxinetum erobert, weil er Unterstützung vom Byzantinischen Reich bekam, das damals die mächtigste Flotte im Mittelmeer besaß. Es verfügte über eine Wunderwaffe, das sogenannte 'griechische Feuer'. Das war eine dem Napalm ähnliche Mischung auf der Basis von Asphalt - verheerend und grausam. Hugo schickte die Schiffe wieder fort und brach die Belagerung von Fraxinetum ab, weil Berengar II. ihm Italien entreißen wollte. Deshalb schloss Hugo ein Bündnis mit den Mauren, die er gerade noch bekämpft hatte, und beauftragte sie mit der Bewachung des Alpenpasses über den Sankt Bernhard in die Schweiz.

Berengar II. war Karolinger, ein Nachfolger Karls des Großen, konnte aber den Aufstieg eines neuen deutschen Geschlechtes, der Ottonen, nicht verhindern. Er verlor den Kampf um die italienische Königswürde. Die Ottonen hingegen errangen nach Hugos Tod diese Krone und wurden auch die Herrscher im Burgund. Ihre Herrschaft begann mit dem Kaiser Otto I., dessen Frau Adelheid auch zur Kaiserin gekrönt wurde. Konrad, Adelheids Bruder, war am sächsischen Hof der Ottonen aufgewachsen und wurde König von Burgund. Ihm gelang es, die lokalen Fürsten einschließlich des Grafen Wilhelm der Provence zu vereinen und mit einem gemeinsamen Heer Fraxinetum im Jahr 973 zu erobern.

Otto I. hatte 962 durch das Bündnis mit dem Papst den Gedanken des Römischen Reiches erneuert, aber der Papst brach den Treue-Eid und verhandelte mit Byzanz ebenso wie mit den Sarazenen, die in der Provence ihren Stützpunkt hatten. Otto I. begann einen Machtkampf mit dem Papst, der auch ein Kampf um Rom war. Er besaß die Dreistigkeit, den Papst Johannes XII. abzusetzen und vor Gericht zu stellen, wo er auch verurteilt wurde. Leo VIII. wurde auf Druck von Otto zum Papst eingesetzt, und die Römer mussten ihm schriftlich geben, dass sie ohne seine Zustimmung nie wieder einen Papst wählen dürften.

Ende 963 glaubte Otto, wieder in die nördlichen Reichsgebiete reisen zu können, aber die Römer setzten Leo ab und Johannes wieder ein, der 964 jedoch starb. Sie blieben vertragsbrüchig, denn Otto war weit weg, und bestimmten Benedikt V. zum Papst. Otto zog abermals vor Rom, half Leo zurück auf den Papstsitz, der bald starb und 965 durch Johannes XIII. ersetzt wurde. Auch diesen Ottonischen Kandidaten akzeptierten die Römer nicht und nahmen ihn gefangen. Otto blieb die folgenden sechs Jahre in Italien. Die 'Missetäter' wurden von Otto und seinem Papst mit dem Tode bestraft. Nach seinem Tod 973 ging der Machtkampf um Rom weiter.

Otto I. legte den Grundstein für das 'Heilige Römische Reich Deutscher Nation', das 1254 erstmals erwähnt wird, aber in seinen Grundzügen hier schon sichtbar wurde. Der Stiefel von Italien, Kalabrien, gehörte damals zum griechisch-orthodoxen Byzantinischen Reich.

Als der byzantinische Kaiser 976 starb und das Reich in eine Krise geriet, setzte der Emir Abu al-Qasim von Sizilien auf das Festland über. Die Langobarden aus dem Norden Italiens eilten Byzanz zu Hilfe, waren aber zu schwach, so dass der Deutsche Kaiser Otto II. (955-982) seine Chance witterte. Er wollte sein Reich gen Süditalien erweitern und zog mit einem Trupp schwer bewaffneter und gepanzerter Reiter nach Kalabrien, wo er 982 am 15. Juli in der Nähe von Reggio di Calabria auf den Emir traf. Die Schlacht verlief erfolgreich, der Emir fiel und die Deutschen feierten. Ihre Unachtsamkeit und Vorfreude kam sie teuer zu stehen. Sie wurden fast vollzählig vernichtet, der Kaiser floh auf ein byzantinisches Schiff. Die Seeleute freuten sich über die kostbare Geisel, doch gelang es Otto, bei Rossano vom Schiff zu springen und an Land zu schwimmen. Ein Mainzer Jude soll ihm sein Pferd gegeben haben, damit er fliehen konnte. Die schmachvolle Niederlage war dennoch ein Sieg der christlichen Allianz, denn ohne den Emir Abu al-Qasim setzten die Sarazenen ihren Eroberungszug nicht fort, sondern beschränkten sich auf Sizilien.

Otto II. starb im Dezember 982 in Rom. Die italienischen und deutschen Fürsten bestimmten seinen Sohn Otto III. zum gemeinsamen neuen König. Er wurde im folgenden Jahr in Aachen gekrönt, da war er aber noch keine drei Jahre alt. Das Deutsche Reich wurde von nun an durch die Kaiserin Theophanu regiert. Die Herrschaft einer Frau auf dem Kaiserthron war wie gesagt eine absolute Besonderheit. Sie wäre im Deutschen Reich auch damals nicht möglich gewesen, wenn Vater Otto II. nicht eine Griechin geheiratet hätte. Die aber hatte durchgesetzt, dass sie den gleichen Rang wie ihr Mann bekam und ebenfalls zur Kaiserin gekrönt wurde. Sie war ihm ebenbürtig und übernahm nach seinem Tod ganz selbstverständlich sein Amt. Es begann eine friedvolle Periode, die sich nach Theophanus frühem Tod fortsetzte, weil die Großmutter Ottos III., Adelheid, ihr Amt übernahm und gleichfalls keine kriegerischen Pläne verfolgte. Das änderte sich erst mit der Regentschaft des dritten Otto, der 984 volljährig wurde. Er war damals 14 Jahre alt, was für die männliche Entwicklung als ausreichend angesehen wurde.

Wie aber war es dazu gekommen, dass eine Griechin Deutsche Kaiserin wurde? Wir müssen zum ersten Otto, dem Großen, zurückgehen. Er war nicht nur deutscher König, sondern hatte wie erwähnt 961 auch den Titel des Königs von Italien erobert: Er zog nach Italien, wo er Adelheid, die zwanzigjährige Witwe des Königs von Burgund, befreite und heiratete. So ließ er sich 962 vom Papst Johannes XII. zum Römischen Kaiser krönen. Er knüpfte an das fränkische Großreich von den Karolingern an und erreichte auch die Versöhnung mit dem byzantinischen Kaiser. Zum Zeichen des Interessenausgleichs wurden Ehen geschlossen, in diesem Fall zwischen seinem Sohn Otto II. und Theophanu, einer Nichte des Kaisers von Ost-Rom, wie Byzanz auch genannt wurde.

Theophanu hat an der Konstellation nichts geändert, nur wurde ihr Vertrauter, Erzbischof Johannes Philagatos, mit der Zentralverwaltung Italiens beauftragt. Als sie nach 6 Jahren Regentschaft starb, übernahm Ottos Großmutter Adelheid für drei Jahre die Regentschaft. Auch der 15-jährige Otto III. suchte den Kontakt mit Byzanz und schickte zwei Kleriker dorthin, um eine geeignete Braut zu finden. Da es nicht um Liebe ging, dauerten die Verhandlungen bis kurz vor seinem Tod, so dass es nicht zum Vollzug kam.

996 begann schon sein erster Kriegszug nach Italien. Der Präfekt Roms, Crescentius, hatte eine starke Anhängerschaft. Er gehörte zum führenden römischen Adelsgeschlecht, das mächtig geworden war, weil es immer mit den italienischen Päpsten kooperiert hatte. So hatten sie päpstliche Pfründe erhalten. Inzwischen aber hatte der kaisertreue Johannes XV. auf dem Papststuhl Platz genommen und wurde nun von den Römern vertrieben. Bevor noch Otto in Rom ankam, war sein Kandidat schon gestorben, so dass er seinen Hofkaplan (der zudem noch mit ihm verwandt war) als Nachfolger auswählte. Brun von Kärnten war der erste deutsche Papst, der 996 als Gregor V. den Thron bestieg. Er war ein Urenkel von Otto I.. Senat und Adel von Rom empfingen den Papst mit allen Ehren und wohnten der Krönung des Deutschen Otto III. zum Römischen Kaiser bei. Kaiser und Papst hielten gemeinsam eine Synode in Rom ab. Der Versuch schon seines Großvaters, weltliche und

geistliche Macht zu verbinden, indem die Grenzen zwischen Klerikern, Mönchen und Adligen verwischt wurden, fand in dieser gemeinsamen Veranstaltung einen Höhepunkt, denn die Synode regelte gleichermaßen religiöse und politische Fragen. Der Präfekt Crescentius wurde von Otto zum Exil verurteilt, aber sein Papst Gregor bewirkte eine Begnadigung. Otto III. ließ sich als Herrscher mit Heiligenschein abbilden, weil er anscheinend die ganze Macht anstrebte. Auf dieser Synode lernte Otto III. Gerbert von Aurillac kennen, den er als Lehrer engagierte, um sich die griechische Feinheit beibringen zu lassen, die ihm wichtig war. Er sah sich selbst als sächsisch roh an. Gerbert stammte aus dem kulturell entwickelten Aquitanien im südlicheren Frankreich. So ergibt sich der Widerspruch, dass das deutsche katholische Christentum die Führung beanspruchte, aber man sich bewusst war, roh und kriegerisch zu sein, während die kulturelle Feinheit anderswo herrschte. Diese Eleganz ist noch heute zu bestaunen, wenn man nach Istanbul fährt und vor der Hagia Sophia steht.

HAGIA SOPHIA

Die Hagia Sophia ('Heilige Weisheit 'auf griechisch) ist eine ehemalige byzantinische Kirche, spätere Moschee und heute ein Museum. Es ist eine Kuppelbasilika aus dem 6. Jahrhundert n. Chr., die Hauptkirche des byzantinischen Reiches und Krönungskirche seiner Kaiser.

Papst Gregor V. erntete keine Dankbarkeit für die Begnadigung, denn Crescentius vertrieb ihn kurz darauf und setzte einen eigenen Papst ein. Er ist uns schon bekannt, denn als Vertrauter von Mutter Theophanu war Johannes Philagathos nach Italien gelangt. Die Äbtissin Mathilde von Quedlinburg übernahm an Ottos Stelle während seiner Kriegsmission die Regentschaft. Allerdings konnte Otto nicht sofort aufbrechen, weil er im Norden gegen die Slawen vorgehen musste, die trotz Christianisierung für Unruhe sorgten. Erst nach 1 ½ Jahren tauchte Otto vor Rom auf und wurde von der Konkurrenz der Crescentier freundlich empfangen. In der Engelsburg verschanzte sich Crescentius, wurde gefangen und enthauptet. An den Beinen aufgehängt wurde er mit seinen Kumpanen öffentlich zur Abschreckung ausgestellt. Der Gegenpapst versuchte zu fliehen, wurde gefangen, geblendet, Nase und Zunge wurden ihm abgeschnitten. Seitdem erscheint auf den Urkunden Ottos III. die Devise "Erneuerung des Römischen Reiches". Im kirchlichen Bereich setzte Otto viele Vertraute an einflussreiche Posten, auch um die Crescentier zu entmachten. Dazu gehörte Gerbert von Aurillac, der als Silvester II. auf den Thron des Papstes gehoben wurde. Otto III. rechnete mit der Politik der Päpste ab und ging in die Konfrontation, indem er der Konstantinischen

Schenkung widersprach. Diese (gefälschte) Urkunde begründete die römische Vormachtstellung auf religiösem wie auf weltlichem Gebiet. Ein erneuter Aufstand der Römer machte ihm deutlich, wie schwach seine Position war, so dass er gemeinsam mit seinem Papst die Stadt verließ. Anfang des nächsten Jahres, 1002, starb er an einem Fieber.

KONSTANTINISCHE SCHENKUNG

Diese Urkunde ist eingestandenermaßen eine Fälschung, diente der römischen Kirche jedoch über Jahrhunderte als Machtinstrument. Der römische Kaiser Konstantin I., der sich 337 auf dem Sterbebett taufen ließ, war seit 325 der alleinige Herrscher über das Römische Reich. Seinen Sitz legte er nach Byzanz und nannte die Stadt Konstantinopel. Die Lage der Stadt war strategisch besser und sicherer. Konstantin hatte eher heidnische Überzeugungen und hing dem Sonnengott an, aber er beendete die Verfolgung des Christentum. Er berief auch das Konzil von Nicäa, wo er einen Kompromiss mit den Anhängern des Arianismus zu erreichen versuchte, aber das Konzil verurteilte diese christliche Richtung. Arius aus Alexandria hatte vertreten, dass Gottvater und Gottsohn nicht wesensgleich sein könnten, weil Jesus erst später existiert hat. Der wahre Gott könnte also nicht der drei-einige sein. Arius konnte sich nicht durchsetzen und geriet in Vergessenheit.

In der Schenkungsurkunde, die wohl aus dem 8. Jahrhundert stammt, wird nun folgende Geschichte erzählt: Konstantin wird vom Aussatz befallen. Die heidnischen Priester schlagen vor, dass er im Blut unschuldiger Kinder baden soll. Im Traum erscheinen ihm die Apostel Petrus und Paulus und empfehlen ihm, Papst Silvester I. zu holen, der sich vor den Christenverfolgungen versteckt hat. Der Papst heilt ihn durch das Bad der Taufe. Aus Dankbarkeit bekennt Konstantin sich zum trinitarischen Glauben gegen den Arianismus und macht die Konstantinische Schenkung: Der römische Bischof bekommt als Papst den Vorrang über alle anderen Patriarchate (Konstantinopel, Antiochia, Alexandria, Jerusalem) und erhält die Attribute und Rechte des Kaisers (Diadem, Purpurmantel, Zepter, Prozessionsrecht). Konstantin regiert von Konstantinopel aus den Ostteil des Reiches, während Silvester über den Westen (das Abendland) herrscht. Dazu gehört ganz Italien mit dem Lateranpalast. Konstantin überlässt ihm auch den Lateranpalast und leistet zum Zeichen der Unterwerfung den Dienst eines Stallknechts, indem er das päpstliche Pferd führt.

50 Jahre nach dem Tod Kaiser Ottos III. benutzte Papst Leo IX. die Konstantinische Schenkung zum Machtkampf mit dem Patriarchen von Byzanz. Bis dahin war eindeutig gewesen, dass Byzanz die Nachfolge des Römischen Reiches angetreten hatte, denn der Römische Kaiser hatte

diese Stadt zu seinem Sitz gemacht. Nun aber berief sich der Papst aus Rom auf den Rechtsanspruch der Schenkung. Der Streit um die kirchliche Vorrangstellung endete in der Spaltung, dem Schisma von 1054. Der Vatikan hat im 19. Jahrhundert die Fälschung der Schenkungsurkunde eingestanden. Im Mittelalter jedoch wurde der Kampf um die Vorherrschaft im Westen auch auf weltlichem Gebiet geführt, und außer Byzanz gab es noch den Deutschen Kaiser, den französischen König und den arabischen Kalifen in Spanien. Der Kampf zwischen römisch-deutschem Kaiser und Papst eskalierte im 11. Jahrhundert, denn der Adel suchte nach Einkunftsmöglichkeiten. In der Nachfolge der Ottonen reklamierten Adlige ein Recht auf die Kirchen, da sie sich auf ihrem Boden befanden, und setzten selbst Äbte, Bischöfe und Erzbischöfe ein. Der Adlige durfte nicht arbeiten, sondern musste sich als Grundherr sein Leben verdienen. Da die Kirchen und Klöster von ihren Besitzern gekauft, getauscht und vererbt werden konnten, waren sie ein wichtiges Wirtschaftsgut und verloren ihren religiösen Zweck. Stattdessen verschafften sie einträgliche Ämter bis hin zum Verkauf von Reliquien.

Kaiser Heinrich III. (Amtszeit 1039–1056) sah es als seine Aufgabe an, auch die Kirche zu reformieren. 1046 konkurrierten drei Päpste, die er alle absetzen und durch einen Mann ersetzen ließ, der nicht vom römischen Adel bestimmt wurde. Die kirchliche Reformbewegung sah im Verkauf von Kirchenämtern, Pfründen, Sakramenten und Reliquien das Hauptübel.

Es wird heute gern behauptet, dass geistliche und weltliche Macht getrennt seien, aber der Kampf um die Macht im christlichen Abendland zeigt deutlich, wie unwahr dies im Mittelalter und ganz besonders im 10. und 11. Jahrhundert war. Schon Karl der Große hatte seine Herrschaft als gottgewollt hingestellt, und die Ottonen versuchten, im direkten Machtkampf ihr Primat durchzusetzen. Aber der Papst hielt dagegen, denn auch ihn bekümmerte nicht nur der christliche Glaube seiner An-hänger, sondern ganz weltliche Interessen an ihren finanziellen Leistungen. Es waren dieselben Menschen, die auch den adligen Herrschern Zahlungen leisten mussten. Der Papst hatte einen eigenen Kirchenstaat und kontrollierte weite Gebiete. Wenn es den Ottonen gelang, die Slawen zu christianisieren, vergrößerten sich auch die Einnahmen des Papstes. Der Kampf des Papstes gegen sogenannte Häretiker wie die Katharer war auch ein Kampf um Geld, weil die Katharer eigene kirchliche Strukturen bildeten und keine Zahlungen mehr an die katholische Kirche leisteten. Eine der einträglichsten Einnahmequellen wurde die Inquisition. Allerdings trat sie erst später auf, seit Ende des 12. Jahrhunderts. Damals hatten sich in Italien die Machtkämpfe zwischen deutschem Kaiser und römischem Papst zugespitzt und ein weiterer Konkurrent war auf die Bühne getreten, die freien Städte, so dass es in Italien drei rivalisierende Parteien gab.

GHIBELLINEN UND GUELFEN

Die kaisertreuen Ghibellinen kämpften in Italien gegen die papsttreuen Guelfen, so will die schlichte Geschichtsschreibung. Dahinter verbirgt sich ein deutscher Streit. Im Deutschen Reich gab es zu Beginn des 13. Jahrhunderts einen Machtkampf zwischen zwei Adelsfamilien, den Staufern und den Welfen. Die Heimatstadt der Staufer war Waiblingen, woraus die Ghibellinen wurden, während der Name der Guelfen von dem Adelsgeschlecht der Welfen stammt.

1209 wurde Otto IV. durch Papst Innozenz III. zum einzigen welfischen Kaiser des Heiligen Römischen Reiches gekrönt, bei dem Versuch, Sizilien ins Reich zu holen, vom Papst jedoch gebannt. Die Welfen waren somit die Papstanhänger. Der Adel war auf Seiten der Ghibellinen, denn sie wollten den Expansionsdrang der Städte einschränken und an ihrem wirtschaftlichen Wohlstand teilhaben.

Die Städte hatten sich eigene politische Strukturen geschaffen, eigene Gerichtsbarkeit und eigene Steuern, so dass sie sich weigerten, Abgaben an den formalen Herrscher zu zahlen und kaiserliche Vikare in ihren Mauern zu dulden. In den Städten gaben die Großkaufleute den Ton an, vor allem die Tuchfabrikanten und Händler. Sie führten oft eine papstfreundliche Politik gegen den Kaiser, weil die Kirche durch ihre internationalen Verbindungen den Fernhandel begünstigte. Es gab aber auch kaiserfreundliche Fraktionen der Guelfen in manchen Städten (Dantes Familie musste Florenz deswegen verlassen).

Der Kaiser stand für die Macht des Adels, mit der das aufstrebende städtische Bürgertum in Konkurrenz um die weltliche Macht war und dessen Niedergang begonnen hatte. Der Papst war der geringere Gegner auf weltlichem Gebiet, aber politisch und kulturell hatte das Bürgertum deutliche Ablösungstendenzen von der Kirche. In den Städten war damals eine dreifache Gerichtsbarkeit nicht unüblich: Kirche, Adel und bürgerlicher Konsul. Der Machtkampf zwischen den drei Ständen sollte die weiteren Jahrhunderte beschäftigen.

Die erste demokratische Verfassung von Florenz 1250 brachte das Verbot, höher als 29 Meter zu bauen, und alle privaten Bauwerke wurden auf diese Höhe abgetragen, Florenz hatte mehr als 150 Geschlechtertürme, von denen einzelne bis zu 70 Metern hoch waren. Es waren Festungstürme der adligen Oberschicht, die versuchte, ihre Macht zu verteidigen. Später nannte man diese adlige Oberschicht die Patrizier. Das Patriziat war im alten Rom die Oberschicht gewesen, die man vom Volk, dem Plebs, unterschied.

Letztlich setzten sich in Italien die freien Städte durch, gegen Byzanz, gegen den Papst und gegen den Kaiser. In Italien begann die Renaissance, in Byzanz der Aufstieg der Osmanen, in Frankreich die Herrschaft des Nordens und in Spanien die Rückeroberung von Al-Andalus.

OSMAN I.

Im heutigen Anatolien war Osman der Anführer eines türkischen Stammes von muslimischen Nomaden, der 1299 sein Reich gründete und bis zu seinem Tod 1329 immer mehr türkische Stämme unter seine Herrschaft bekam, so dass er das byzantinische Reich erheblich schwächen konnte. 1453 eroberten seine Nachfolger Konstantinopel.

Im Osten Europas wurde das Osmanische Reich 1683 vor Wien in seine Schranken gewiesen. Ein weiteres Vordringen dieser sunnitischen Muslime wurde verhindert, nachdem sie mehrere Jahrhunderte lang die entscheidende Macht auf dem Balkan und der Krim, in Kleinasien, im Nahen Osten und in Nordafrika gewesen waren. Es sind nicht immer dieselben Reiche gewesen, die als Weltmacht Europa herausforderten. Es sind auch nicht immer dieselben islamischen Glaubensrichtungen gewesen, denen die jeweiligen Machthaber anhingen. Aber das arabische Reich war ebenso wie das osmanische Reich eine islamische Weltmacht, die Europa militärisch, politisch und kulturell in Frage stellte. Mehr als tausend Jahre lagen zwischen den ersten Angriffen im Süden und den letzten Angriffen im Osten. Danach gelang es endgültig, die Richtung umzudrehen und den islamischen Machtbereich aus Europa zunehmend zu verdrängen.

1923 wurde aus dem Osmanischen Reich die Türkei, deren Schwerpunkt von Europa Richtung Kleinasien verschoben werden konnte.

Doch endete der islamische Einfluss 1683 nicht, denn Frankreich und Ungarn schlossen ein Bündnis mit dem Osmanischen Reich, um das Habsburger Reich zu bekämpfen. Das war die Anerkennung des Osmanischen Reichs als europäischer Macht. Die Rolle des Islams auf dem Balkan und in Russland ist nicht mehr zu übersehen. In Russland sind heute der Islam wie das Christentum anerkannte Religionen, doch kämpfen Russland und die Türkei gleichermaßen um die Anerkennung als europäische Staaten. Die Nachfolgekämpfe im ehemaligen jugoslawischen Raum in den neunziger Jahren des 20. Jahrhunderts haben die Verankerung des Islams auf dem Balkan uns Westeuropäern zum ersten Mal überdeutlich gemacht. Weniger bekannt war, dass auch Russland stark islamisch geprägt ist.

KREUZZÜGE GEGEN DEN ORIENT

Der frühere US-Präsident George W. Bush bezeichnete den zweiten Irak-Krieg mehrfach als 'Kreuzzug gegen Terroristen'. Entsprechend propagieren islamische Anhänger den 'Kampf gegen die Kreuzritter'.

Um das Jahr Tausend hatte Arabien die Hegemonie gewonnen. Da war Europa zersplittert, der Kirchenstaat in Rom eine kleine Macht neben vielen anderen weltlichen Mächten und auch ideologisch auf wackeligen Füßen. Das christliche Abendland war gespalten, zerrüttet, unchristlich und unattraktiv. Rom war nur noch eine Stadt mit bestenfalls 30 Tausend Bewohnern, das arabische Zentrum Bagdad hingegen eine Millionenstadt, die ein Imperium um das Mittelmeer aufgebaut hatte, das von Afghanistan bis Spanien reichte. Fast alle Mittelmeerinseln und Teile von Süditalien waren in arabischer Hand. Rom war ebenso bedroht wie Frankreich.

Der Anfang der Rückeroberung war die moralisch-ideologische Unterstützung von Kriegszügen durch die römische Kirche. So schickte sie 1066 dem Normannen Wilhelm der Eroberer von ihr geweihte Fahnen, die sein Heer bei der Eroberung Englands stärken sollten. Ebenso unterstützte sie 1064 den Feldzug Aragons und Frankreichs gegen das maurische Emirat von Barbastro im Norden Spaniens in der Nähe von Saragossa. Das Spanien beherrschende Kalifat Cordoba war zerfallen, so war der Kampf gegen den nördlichsten Vorposten der Moslems erfolgreich. Der Papst war auch Schutzherr der Kriegszüge 1059 gegen die Araber auf Sizilien. Grundlage war jedes Mal der Gedanke des 'gerechten Krieges' des katholischen Heiligen Augustinus. Er lieferte die ideologische Begründung für einen europäischen Krieg gegen den Islam. Allerdings sprach man anfänglich nur von bewaffneten Pilger- oder Wallfahrten. Den Vorwand für den ersten Kreuzzug 1095 lieferte die unsichere Situation für christliche Pilger im Nahen Osten und die Zerstörung des Heiligtums der Grabeskirche in Jerusalem achtzig Jahre zuvor (1009). Seit 638 war Jerusalem in muslimischer Hand, aber erst jetzt fühlte man sich stark genug zum Angriff.

1054 war es zur Spaltung zwischen Ost-Rom (Byzanz) und West-Rom (Rom) gekommen. Der Unterschied zwischen den beiden christlichen Richtungen galt als fundamental, es kam zum Schisma. Die führenden Mächte der römisch-katholischen und der griechisch-orthodoxen Welt waren das Deutsche Reich beziehungsweise das byzantinische Reich, deren Herrscher sich gleichermaßen Kaiser und deren beider Reiche sich römisch nannten. Beide Kaiser beanspruchten auch die Führung über die gesamte christliche Staatenwelt. Das katholische Rom versuchte seit Ende des 11. Jahrhunderts eine Expansion nach Osten, wobei anfänglich die Hilfe von Byzanz gesucht wurde, denn allein wäre Rom zu schwach gegen die Moslems gewesen. Byzanz begann im 12. Jahrhundert eine Expansion nach Westen, weil es sich von Rom bedroht fühlte. Heiraten mit dem ungarischen und deutschen Herrscherhaus zur Ausdehnung des Herrschaftsbereichs, aber auch Kriegszüge nach Italien waren häufig. Vor allem die aufsteigende Großmacht Venedig wurde bekämpft.

Im Jahr 1095 fand dann der erste Kreuzzug gegen den Osten statt. Frankreich war an den Kreuzzügen federführend beteiligt. Allerdings war es damals noch das fränkische Reich des Königs im Norden, während im Süden die okzitanischen Fürsten herrschten. Der französische König besaß dort nicht einmal einen Hafen, um Richtung Jerusalem in See zu stechen. Er musste sich in den Sümpfen der Camargue Land kaufen und eine Hafenstadt bauen lassen, Aigues Mortes, in der noch heute seine Statue steht, weil er dafür heilig gesprochen wurde, dass er als Kreuzritter zum Morden ins Morgenland fuhr (per Schiff).

Damals wie heute war die Religion ein Vorwand, denn es ging um weltliche Macht, die den Katholiken verloren gegangen war. Es ging aber auch und insbesondere um die kulturelle Hegemonie in Europa, wie es heute den USA um ihre Hegemonie geht.

Papst Urban II. rief zum Ersten Kreuzzug nach Jerusalem ins Heilige Land auf, um die Moslems aus den (auch ihnen) heiligen Stätten zu vertreiben. Das römische Papsttum versprach sich von der Kontrolle über das Heilige Land eine Stärkung seiner Machtposition und Schwächung der griechisch-orthodoxen Ostkirche. Byzanz kontrollierte damals den gesamten Levante-Handel. Dem Aufruf folgen etwa 50 Tausend Soldaten, Ritter genannt. Das Heer setzte sich aus drei Gruppen zusammen: Adligen, Landarbeitern, 'Verbrechern' (gemäß damaliger Rechtsprechung Verurteilte). Die jüngeren Söhne des Adels waren nicht erbberechtigt, durften als Adlige nicht durch Arbeit ihr Leben verdienen, kamen gewöhnlich in der Kirche unter (als Mönch oder Kleriker) und sahen nun die Chance, ein eigenes Herrschaftsgebiet zu gewinnen. Für die Landarbeiter, die als Leibeigene brutale Lebensbedingungen hatten, bot der Papst das Ende der Leibeigenschaft an, wenn sie das Kreuz nahmen und ins Heilige Land zogen. Verurteilte und Gesetzlose folgten dem Aufruf, weil sie ein freies Leben anfangen und auch noch Beute machen konnten. Wirtschaftlich profitierten besonders die italienischen Stadtrepubliken und Seemächte Venedig, Genua und Pisa. Sie lebten vom Handel mit dem Orient und sahen die Mauren als bedrohliche Konkurrenz an.

Vorübergehend entstanden sogenannte Kreuzfahrerstaaten, die sich aber nicht lange halten konnten. Es war nur eine zahlenmäßig kleine und entsprechend schwache Herrscherschicht, die sich interessanterweise jüdischen und moslemischen Menschen gegenüber tolerant verhielt (verhalten musste). Ein Jahrhundert später waren die siegreichen Eroberungszüge in den Orient ziemlich vorbei, denn 1187 ging Jerusalem wieder verloren und 1291 fiel die letzte Festung der Kreuzritter in Akkon.

Der Libanese Amin Maalouf hat ein erschütterndes Werk über die Kreuzzüge aus der Sicht der Araber geschrieben: 'Der Heilige Krieg der Barbaren'. Offensichtlich ist die Grausamkeit der Christen im kollektiven Gedächtnis verankert, denn die Erinnerung an die Massaker ist lebendig, obwohl sie fast ein Jahrtausend zurückliegen. Im Nahen Osten haben die Kreuzritter das schmückende Beiwort 'Kannibalen'. 1097 eroberten sie Antiocha und machten von dort 1098 einen Raubzug nach Maarat an-Numan. Alle männlichen Einwohner (Moslems, Juden, orthodoxe Christen) wurden erschlagen. Die Quellen sprechen von 22 Tausend Toten. Alle Frauen und Kinder wurden versklavt, sofern man sie nicht am Spieß briet und verzehrte. Nach Pferden, Hunden und Schuhsohlen als einziger Nahrung der Kreuzritter waren Säuglinge und Kleinkinder zweifellos ein Festschmaus. 1099 wurde dann Jerusalem erobert und die Einwohnerschaft wiederum ohne Ansehen der Religion massakriert.

Neben der Bedrohung des Christentums durch den Islam war die innerchristliche Auseinandersetzung für die römisch-katholische Kirche das Hauptkampffeld. Ostrom war am östlichen Rand Europas und zugleich ein Vorposten gegen den Islam. Aber im Herzen des Westens, von Ligurien bis Katalonien hatten sich abtrünnige Gemeinden verselbständigt und die Nähe zum Volk gefunden. Es waren Protestanten vor der Zeit, diese christlichen Gemeinschaften der Waldenser und der Katharer sprachen die Volkssprache und nicht Latein. Nur der Klerus beherrschte damals noch die lateinische Sprache. Das Zentrum der Katharer lag in Albi nahe Toulouse in Okzitanien (Südfrankreich). Sie hießen deshalb auch Albigenser, und der Kreuzzug gegen die Katharer von 1209 bis 1229 heißt Albigenserkreuzzug. Heute befindet sich an der Kathedrale von Béziers eine Gedenktafel, die an das Massaker erinnert, das die römischen Christen dort angerichtet haben. Die Stadt war 737 schon einmal zerstört worden, als Karl Martell sie aus sarazenischer Herrschaft 'befreite'. Aber im Albigenserkreuzzug wurden sogar ihre Einwohner bis auf wenige Katholiken, die sich freiwillig aus der Stadt begaben, ausnahmslos umgebracht, erschlagen, erstochen, in den Kirchen verbrannt. Man schätzt ihre Zahl auf 22 Tausend, davon waren allein 7 Tausend in der Kathedrale. Manche Historiker meinen, die Stadt habe nur 10 Tausend Einwohner gehabt, aber die blühenden okzitanischen Städte waren vor ihrer Zerstörung viel bedeutender als im späteren Mittelalter, wo sie zivilisatorisch einen gewaltigen Rückschritt machten. Als 'Große Schlachterei' ist das Morden in die Annalen eingegangen. Der päpstliche Legat Arnaud Amaudry hatte den Oberbefehl. Seine Losung war: "Massakriert sie (alle), denn der Herr erkennt die Seinen!" Einer der kleinen Adligen, Simon de Montfort, wurde zum Anführer des Kreuzzugs bestimmt und machte sich als Schlächter einen Namen für die Nachwelt. So kam er zu Macht und Ländereien und 'säuberte' Okzitanien von den Katharern, die bis in die 1980er Jahre unhinterfragt als Ketzer galten. Noch heute ist es nicht unüblich, sie als Ketzer zu diffamieren (siehe Frank Schätzings Roman über den Bau des Kölner Doms im 13. Jahrhundert). So nachhaltig wurden sie aus dem Gedächtnis getilgt, dass nur die Protokolle der Inquisition noch Auskunft geben. Das Schicksal der Waldenser ist nicht ganz so tragisch, denn sie und ihre religiösen Überzeugungen konnten nicht vollkommen ausgerottet werden.

Der vierte Kreuzzug 1202-1204 richtete sich ausschließlich gegen Byzanz. Federführend waren Venedig und Rom. Sie besiegten Byzanz. Die Plünderung durch das Kreuzfahrerheer war so umfassend, dass das byzantinische Reich sich nie davon erholen sollte. Venedig kehrte mit reicher Beute heim und hatte den Konkurrenten ausgeschaltet. Der Einfluss der griechisch-orthodoxen Kirche auf den Westen (Europa) war zurückgedrängt. Das Zerwürfnis mit Russland wirkte noch viele Jahrhunderte.

Im westeuropäischen Bewusstsein ist die orthodoxe Ost-Kirche so gut wie ausgelöscht. Der Ost-West-Konflikt, der vor 800 Jahren zur Zerstörung der byzantinischen Kultur führte, hat sich im Ost-West-Konflikt des 20. Jahrhunderts fortgesetzt. Das immer gleiche Thema ist die Abspaltung des europäischen Ostens vom westeuropäischen Machtbereich. Unterbrochen wird diese Abspaltung gelegentlich von Eroberungsversuchen wie zuletzt dem Krieg Nazideutschlands gegen die Sowjetunion. Der eigentliche Gegner war und ist immer wieder Russland.

Als Reconquista (Wiedereroberung) wurden die Kreuzzüge in Spanien geführt, wo der Machtkampf erst nach 400 Jahren beendet war, aber die christliche Religion mit Feuer und Schwert eingebrannt wurde. Maalouf hat in 'Leo Afrikanus' die Vertreibung aus Granada 1492 beschrieben. Die iberische Halbinsel blieb bis in das 20. Jahrhundert dominiert von einer Allianz aus Adel, Militär und römisch-katholischer Kirche. Der letzte Versuch einer Befreiung und Öffnung für die Neuzeit 1936 endete in einer blutigen, vernichtenden Niederlage. Spanien bleibt eine katholische Bastion, die von keiner Revolution beseitigt wurde und den Kampf nicht aufgegeben hat.

Fast 700 Jahre hat dieses Europa gebraucht, bis es 'den Islam' aus Spanien vertreiben konnte, noch 200 Jahre länger, bis auch die Türkei so weit zurückgedrängt werden konnte, dass ihr europäischer Teil fast bedeutungslos geworden ist, so dass sie sich nicht mehr ohne Widerstand als europäischer Staat in die EU, die europäische Gemeinschaft, eingemeinden kann. Das Land der Seldschuken hatte im Laufe der Jahrtausende seinen Schwerpunkt nach Europa verlagert und war am Ende des Mittelalters als Osmanisches Reich im Osten die entscheidende Macht in Kleinasien. Die Osmanen beherrschten den Nahen Osten, den Balkan, Nordafrika und die Krim. Hauptstadt war seit 1453 Konstantinopel (Istanbul). Im Jahre 1529 wurde Wien das erste Mal von den Türken (erfolglos) belagert. Die Grenze zwischen dem habsburgischen und dem osmanischen Teil Ungarns verlief fast zweihundert Jahre lang nur etwa 150 km östlich der Stadt mitten durch Europa. Denn erst 1683 bei der zweiten Belagerung begann das Zurückdrängen des Osmanischen Reiches aus Mitteleuropa. Das Osmanische Reich war noch im 18. Jahrhundert eine Weltmacht, mehrfach drohten die Türken, Österreich einzunehmen.

Die Christen führten viel längere Zeit 'Heilige Kriege', als uns heute bekannt ist. Es gab sehr erfolgreiche Kreuzzüge Richtung Norden und Osten, in denen das Deutsche Reich große Gebietsgewinne verzeichnete. Die östliche Grenze wurde über Sachsen, Mecklenburg, Pommern bis in das Baltikum vorgeschoben bei gleichzeitiger 'Zivilisierung' der 'Heiden' durch Zwangschristianisierung. Ein Unrechtsbewusstsein über diese Eroberungen gibt es nicht wirklich. Die Vertriebenenverbände bekämpfen noch heute die Gebietsverluste, aber die christlichen Ordensritter sind nicht mehr auf ihrer Seite.

EUROPA KOMMT AUS DEM MITTELMEER

Am Anfang Europas war das Mittelmeer. Dort treffen Afrika, Asien und Europa zusammen und seit Menschengedenken findet auf seinen Wassern und an seinen Ufern ein kultureller Austausch statt. Das 'große Grüne' wird es bei den Ägyptern genannt, 'Mare nostrum', unser Meer, bei den Römern; in vielen Sprachen heißt es seit römischen Zeiten, auch bei den Berbern, 'Mare mediterraneum', das Meer in der Mitte der Lande, kurz gesagt: das Mittelmeer. Nimmt man die Erde als eine Scheibe und die ursprünglichen Zivilisationen auf ihr platziert, so macht diese Bezeichnung Sinn, zumal Rom sich damals als Mittelpunkt dieser Welt betrachtete – und sein Reich als Weltreich. Nach dem Sieg über Karthago war das Mittelmeer unter römischer Herrschaft und damit wesentliche Handelsströme. Das Meer in der Mitte der alten Welt, bevor die neue Welt in Amerika entdeckt wurde, es war ihr Zentrum über viele Jahrtausende. Nicht von Anbeginn, denn die Wiege der Menschheit stand in Zentralafrika (dem heutigen Kenia, Tansania, Äthiopien) und erbrachte eine frühe Hochkultur in Ägypten am Delta des Nils. Ägypten besteht seit Jahrtausenden und war schon vor Rom ein Großreich. Ihre Kindheit verbrachte die Menschheit in Vorderasien im Zweistromland von Euphrat und Tigris und schuf eine weitere Hochkultur in Mesopotamien, das vor allem im heutigen Irak liegt, aber auch in Syrien, im Iran, in Kuwait und der Türkei. Die Geschichte Mesopotamiens ist mehr als 10 Tausend Jahre alt. Die Menschheit drang nach Indien vor, wo sie schon vor 4 1/2 Tausend Jahren eine städtische Kultur aufbaute, und nach China, wo vor mehr als 3 Tausend Jahren die älteste Schrift der Welt entwickelt wurde.

Europa kam spät dazu. Es wurde vermutlich über den Balkan zivilisiert. Von der Türkei drangen über Bulgarien, Griechenland, Mazedonien neue kulturelle Einflüsse, vor allem der Ackerbau, nach Zentraleuropa. Völkerwanderungen und reisende Händler sorgten für kulturellen Austausch vom fernen Asien bis zum Norden Europas. Die ersten großen europäischen Reiche entstanden mit den Kelten und den Griechen im Jahrtausend vor Null. Im griechischen Machtbereich lebten die Phokäer im heute türkischen Teil Kleinasiens. Sie waren hervorragende Seefahrer und brachten die griechische Zivilisation nach Frankreich und Spanien, wo sie an den Flüssen und Meerufern Städte gründeten. Marseille vor 2600 Jahren war eine ihrer ersten Stadtgründungen mit der Akropolis auf dem Hügel am Hafen, dem heutigen Panier-Viertel. Avignon folgte, die Route ging an der Rhône entlang gen Norden. So organisierten die

Phokäer den Handel von Gewürzen aus Indien gegen Bernstein aus dem Baltikum. Zahlreiche griechische Kolonien wurden etwa ab 1000 vor Christus in Kleinasien gegründet, wo seit 1600 vor Christus die Hethiter ein großes Reich beherrscht hatten. Seitdem läuft die griechische und die türkische Geschichte eng verzahnt.

Die meisten heutigen Nationalstaaten sind historisch jüngeren bis jungen Datums. 'Unser' Kaiser Karl der Große hat das Franken-Reich gegründet, in dem heute die Franzosen leben, während in Franken Bayern und Baden-Württemberger wohnen. In der Geschichte gab es schon immer Vielfalt, im Widerspruch zum dichotomischen Weltbild, in dem es nur zwei entgegengesetzte Kräfte gibt, die sich gegenseitig ausschließen: Gut und Böse, Oben und Unten, Gott und Teufel, Richtig und Falsch, Christ und Moslem, Katholik und Protestant, Mann und Frau (gemäß dem lateinischen Gesetz beschränkten Denkens: Tertium non datur = Ein Drittes gibt es nicht).

Seit Alters her gab es die transkontinentalen Handelswege, die von Asien über das Mittelmeer bis in den Norden Europas verliefen. Salzstraße oder Bernsteinstraße werden sie nach den wichtigsten Produkten genannt, die transportiert wurden. Die Römer ließen sich Seide aus China kommen, weil sie als besonders wertvoll galt und auch geringe Mengen sehr kostbar waren.

Nach dem Zusammenbruch des Römischen Reiches ging der Handel zurück und blühte erst wieder mit dem Siegeszug des Islams auf. Die transkontinentalen Handelswege des Mittelalters werden seit dem 19. Jahrhundert Seidenstraßen genannt, doch ist dieser Ausdruck irreführend. Zum einen waren es Handelswege zu Land und auch zu Wasser. Zum anderen fand der Handel in beiden Richtungen statt, war also ein Austausch. Zum dritten waren Gold und Sklaven die wichtigsten Güter und nicht die Seide. Zum vierten aber waren es Kulturwege, die entfernteste Regionen miteinander verbanden. Die Reisen der Händler dauerten vom Osten Chinas zum Westen Europas vermutlich fast ein Jahr. Gemessen an der Geschwindigkeit der modernen Welt, wo die Handelsschiffe in einer Woche die Welt umrunden, war diese vergangene Zeit langsam. Aber der Austausch fand statt und hatte große Auswirkungen, denn die fremde Kultur reiste mit. So drang der Islam auf den alten arabischen Handelswegen vor. Turkestan, Ostafrika und Südostasien wurden durch Kaufleute islamisiert. In Indien und China halfen allerdings Soldaten (Buddhisten leisteten heftigen Widerstand, aber auch manche Christen). Die Karawanen mit Ochsen, Kamelen, Eseln und Pferden umfassten mehrere Hundert bis mehrere Tausend Reisende und stationierten oft über einen längeren Zeitraum in Häfen oder Oasen, um sich vor Unwettern zu schützen. So wurden Religionen und Kulturen verbreitet, und so wurde auch Europa aus seinem Dornröschenschlaf wachgeküsst: durch den Handel mit der islamischen Welt. Selbst die Kreuzzüge brachten einen Kulturaustausch mit sich, denn über die lange Zeit von mehr als zwei Jahrhunderten ging die Zahl der Ritter in die Hunderttausende, die nicht nur reiche Beute einschließlich der Sklaven heimbrachten, sondern auch Bilder, Eindrücke, Geschichten und Erkenntnisse.

Der Transport technischer Errungenschaften, kultureller Güter oder Ideologien geschah nebenbei und war dauerhafter als der Warenverkehr. Den fernreisenden Händlern schlossen sich politische, diplomatische oder missionarische Reisende an. Sie beförderten den Austausch zwischen verschiedenen Gesellschaften und Kulturen. Lieder, Geschichten, religiöse Ideen, philosophische Ansichten und wissenschaftliches Wissen kursierten unter den Reisenden und wurden weitergetragen. Am Bekanntesten ist vielleicht dieser Transfer im arabischen Liedgut, das von den Troubadouren und Minnesängern in Europa verbreitet wurde. Außerdem fand durch die Einführung neuer Nahrungsmittel auch ein landwirtschaftlicher Austausch statt. Bedeutende Techniken wie die Papierherstellung und der Buchdruck, chemische Prozesse wie die Destillation, sowie effizientere Pferdegeschirre und der Steigbügel wurden über Asien verbreitet.

Die arabischen Kriegszüge Mohammeds und seiner Nachfolger schufen in kurzer Zeit ein Großreich, das sich durch elementare Vorteile auszeichnete: eine gemeinsame Sprache, die von Südspanien bis Nordindien die Kommunikation leicht machte; eine gemeinsame Währungseinheit, die alle Probleme des ungerechten Tausches vermied; ein gemeinsames Geldwesen mit eigenen Münzen; ein Postsystem, das die Kommunikation verbesserte; eine gemeinsame Religion und Rechtsprechung, die den Aufbau einer kulturellen Gemeinschaft erleichterte. Ihr Glanz und Reichtum waren für viele andere Völker faszinierend. Unter diesem gemeinsamen Dach herrschte insofern Toleranz, als jede Kultur ihre Eigenheiten bewahren durfte. Jüdische und christliche Händler adaptierten sich auf dieser Grundlage.

Al Ma'mun, der Sohn von Harun al-Rachid wurde 786 geboren und folgte seinem Vater auf den Thron im Jahre 806. Er führte das Kalifat der Abassiden zu seinem Höhepunkt. Er gründete 825 eine Akademie nach dem Vorbild der Akademie in Gundishapur.

DIE AKADEMIE VON GUNDASHIPUR
Diese persische Stadt war im Reich der Sassaniden bedeutend. Die

Akademie wurde 271 aufgebaut und war viele Jahrhunderte international ein intellektuelles Zentrum. Sie war Krankenhaus mit medizinischer Lehre, Bibliothek und Akademie für Philosophie und andere Wissenschaften. Der Sassanidenkönig Chosrau (531-579) gewährte Christen Asyl und ließ Bücher über Medizin, Philosophie, Astronomie und Handwerk aus dem Griechischen und auch aus dem Indischen, aber sogar chinesische Texte über Kräutermedizin ins Persische übersetzen. Die Akademie trug zur Entwicklung der Krankenhäuser, der Medizin und der Mathematik ganz wesentlich bei.

Die Akademie von Kalif Al Ma'mun in Bagdad bekam den Namen 'Haus der Weisheit'. Sie setzte die Tradition der persischen Akademie von Gundishapur fort. Das betraf ganz besonders den Kulturaustausch zwischen Indien und China einerseits, dem arabischen Reich und Europa andererseits, denn das arabische Reich war historisch das erste, welches diese Verbindung unter seinem Dach herstellte. Auf diesem Wege kam auch das Papier aus Asien nach Europa. Im 'Haus der Weisheit' arbeiteten 90 Wissenschaftler, Übersetzer, Ärzte, Mathematiker, Astronomen, darunter auch Christen und Juden, an Übersetzungen vor allem von griechischen Autoren ins Arabische: Euklid, Galen, Platon, Aristoteles, Archimedes und andere.

Die Gründung des 'Hauses der Weisheit' hatte Konsequenzen für die Papierherstellung. In Bagdad baute man gleichzeitig eine Papiermühle und belieferte den Papiermarkt. In den rund hundert Papiergeschäften schufen Lehrer und Schriftsteller kleine Wissenschafts- und Literaturzentren. Zum Haus der Weisheit gehörten neben dem Übersetzungszentrum ein Observatorium, ein Krankenhaus und eine umfangreiche Bibliothek.

Nach dem Vorbild des Hauses der Weisheit wurden die Akademien in Sevilla und Cordoba gegründet.

Eine wichtige Rolle spielte ferner die Medizinschule von Salerno, die unter der Herrschaft der Hohenstaufen ausgebaut wurde. Konstantinus Africanus (1017-1087) ist Urheber dieser Einrichtung beim Kloster von Monte Cassino. Er war mohammedanischer Kaufmann aus Tunesien und wollte sich 1077 im Kloster heilen lassen, musste jedoch feststellen, dass dort überhaupt kein medizinisches Wissen vorhanden war. Auf sein Betreiben hin wurden die bedeutenden arabischen Texte ins Lateinische übersetzt, die bis ins 17. Jahrhundert als Unterrichtsbücher benutzt wurden. Daraus entwickelte sich eine Hochschule in der Stadt des Hippokrates, wie Salerno genannt wurde. Der Erzbischof unterstützte von Anfang an den Konstantinus. Es wurde das griechische, jüdische und arabische Wissen zusammengetragen und gemeinsam geforscht. Besonders der Stauferkaiser Friedrich II. förderte die Schule und sorgte für die Trennung von Arzt- und Apothekerstand. Aus der ganzen Welt kamen Kranke, um sich heilen zu lassen, und Studenten der Medizin. Frauen waren genauso zum Studium und als Lehrkräfte zugelassen wie Männer. Ein Beispiel war die praktische Ärztin Trotula, die über Frauenkrankheiten und Gynäkologie geschrieben hat. Der Lehrplan bestand aus 3 Jahren Logik, 5 Jahren Medizin (einschließlich Chirurgie und Anatomie mit Autopsie menschlicher Körper) und 1-jähriger Praxis bei einem Arzt.

Das Sezieren war also erlaubt! Friedrich veranlasste auch, dass Philosophie, Theologie und Recht unterrichtet wurden. Man konnte also eigentlich von einer Universität sprechen. Noch heute wird fälschlich behauptet, dass es nach dem griechischen Mediziner Galen 1300 Jahre lang keine medizinischen Fortschritte gab, bis in der Renaissance über Galen endlich hinausgegangen worden sei. Andreas Vesalius (1514-1564) aus Brüssel gilt im Westen als Begründer der neuzeitlichen Anatomie in der Renaissance. Er musste sich die Leichen heimlich des Nachts vom Galgen abschneiden, denn nur an Leichen von Verbrechern durfte zu seiner Zeit seziert werden.

Aus dem Orient sowie dem islamischen Spanien gelangte das Schreibmaterial seit dem 12. Jahrhundert ins christliche Europa. Bei Valencia gab es in der Mitte des 12. Jahrhunderts eine blühende Papierwirtschaft, die auch in die Nachbarländer hochwertige Produkte exportierte und nach der Vertreibung der Araber 1238 bedeutend für die Papierwirtschaft blieb, weil dort der Rohstoff Flachs angebaut wurde. Mit der Ausbreitung der Schriftlichkeit in immer weitere Bereiche der Kultur (Wirtschaft, Recht, Verwaltung und andere) verdrängte Papier das Pergament.

ISLAMISCHE GELDWIRTSCHAFT UND DIE ENTSTEHUNG DER BÜRGERLICHEN GESELLSCHAFT

Der Geldbedarf in der islamischen Welt war groß und seine Befriedigung die Voraussetzung für den wirtschaftlichen Erfolg. Geld bedeutete damals Metallgewinnung und -verarbeitung zu Münzen. Kupfer gab es im arabischen Wirtschaftsraum genügend, Zinn musste aus England eingeführt werden. Die Münze mit dem geringsten Wert wurde aus Kupfer oder Bronze hergestellt. Silber für die höherwertige Münze Dirhem gab es in Andalusien und am Kaukasus (in der Antike bis ins Mittelalter war der Kaukasus in persischer Herrschaft). Es gab Goldminen in Arabien, Nubien, am Kaukasus und in Ostafrika. Doch entscheidend war der Zugang zu den Minen im Sudan am Niger und am Senegal. Die Erfindung des Amalgam-Verfahrens (Gewinnung von Gold mit Quecksilber) steigerte den Ertrag erheblich und brachte über die afrikanischen Karawanenwege riesige Mengen Goldes in den Maghreb ans Mittelmeer. Sicher hängt der Aufstieg von Marrakesch in Marokko damit zusammen. Gold raubte man später den Christen aus ihren Klöstern und Kirchen und den Pharaonen aus ihren Gräbern, um es einzuschmelzen und Dinare zu prägen.

Das entscheidend Neue passierte dann: Geld vereinfachte nicht mehr nur den Außen- und Fernhandel zwischen den Ländern, sondern drang in ihr Inneres ein. Geld verwandelte die Binnenwirtschaft und förderte die Stadtentwicklung. Industrie, Gewerbe und Binnenhandel entfalteten sich in den Städten und schufen die Grundlagen für eine neue Kultur, deren Träger dann das Bürgertum wurde.

Der Aufstieg des Bürgertums begann auf europäischem Boden im Kalifat von Cordoba vor einem Jahrtausend – lange vor der italienischen 'Renaissance'.

Im 10. Jahrhundert kontrollierten die Mohammedaner noch praktisch alle Handelswege zum Mittelmeer und im Mittelmeer. Selbst Sizilien und Kreta wurden erobert, so dass der byzantinische Kaiser nur noch den Zugang über Konstantinopel nach Europa bewachte. Mit dem wirtschaftlichen Aufschwung entwickelten sich die Städte und damit das aufkommende Bürgertum. Marktflecken waren besonders prosperierend und unter ihnen naturgegeben die Hafenstädte. Von Setubal über Malaga, Almeria und Denia bis Tarragona entfalteten sich ein Dutzend Im- und Exporthäfen auf der iberischen Halbinsel. Eine längere Zeit war auch Narbonne in islamischer Hand, doch änderte sich nichts Grundsätzliches, als es schließlich wieder christlich wurde, denn die Grenzen waren durchlässig. Die südfranzösische Mittelmeerküste war offen für die neue Kultur ebenso wie die italienische. So entwickelten sich auch dort die Handelszentren am Meer, die den Austausch zwischen Orient und Okzident vermittelten. Die Nähe zur islamischen Welt war bestimmend, in Italien war anfangs der Süden durch seine Nachbarschaft zu Sizilien am mächtigsten, vor allem Amalfi. Doch setzten sich schließlich im 12. Jahrhundert Genua und Venedig durch. Venedig eroberte 1204 Kreta und besiegte 1381 endgültig auch Genua.

Ein wichtiger Kulturvermittler waren die jüdischen Kaufleute, die in christlichen wie in islamischen Ländern aktiv waren. Sie fanden sich in Arabien, Nordafrika und am Schwarzen Meer, aber auch von Südspanien und Südfrankreich bis ins Rhein-Mosel-Gebiet.

Der Niedergang der islamischen Kultur hatte mit Problemen der Geldwirtschaft zu tun: Ab dem 12. Jahrhundert drangen im Osten die Mongolen vor, deren Handel Silbermünzen verlangte, die nicht mehr ausreichend zur Verfügung standen und beim Umtausch gegen Goldmünzen zu Verlusten führten. Der Aufstieg der italienischen Städte ging einher mit der Einführung eigener Währung, Florenz prägte 1252 den ersten Florin, Venedig 1282 den ersten Dukaten. Das Gold aus der Neuen Welt war der Todesstoß für die islamische Wirtschaft am Mittelmeer. Aber das Aufwärtsstreben des Bürgertums in den europäischen Städten ließ sich nicht verhindern, nur bremsen. Allerdings dauerte es bis zur Niederlage von Adel und Kirche noch ein halbes Jahrtausend.

INDUSTRIALISIERUNG

Tatsachlich begann die Industrialisierung vor einem Jahrtausend in der islamischen Welt und damit auch in Europa – auf der iberischen Halbinsel. Das 19. Jahrhundert wird gern als die beginnende Industrialisierung betrachtet, obwohl es Ansätze (insbesondere in der Textilindustrie) schon in der italienischen 'Renaissance' gab. Doch auch diese Ansätze waren historisch nachrangig.

Am Anfang stand der islamische Wirtschaftsaufschwung, der in Spanien auf einen besonders fruchtbaren Boden traf, nicht nur in der Landwirtschaft (Wein, Wolle, Zitrusfrüchte, Reis, Oliven, Feigen, Granatapfel, Getreide).

Der Abbau von Bodenschätzen schuf die Basis. Gold, Silber, Kupfer, Zinn, Blei und Quecksilber wurden abgebaut, aber auch Schwefel, Lapislazuli, Edelsteine, Marmor, Quarzsand und Ocker. Salz wurde in den Bergen und am Meer gewonnen. Die islamische Wirtschaft hatte Verarbeitungstechniken entwickelt, die auf verschiedenen Gebieten hochwertige Produkte für den heimischen Markt und den Export herstellten. Dazu gehörte die Töpferei mit Keramik und Fayence-Kacheln, die Glasproduktion und die Papierherstellung. Auch entstanden allerorten Webereien, die wertvolle Teppiche und Kleider herstellten. Lederproduktion fand besonders in Cordoba statt.

Die islamische Welt war arm an Eisenerz und importierte es daher aus Ostafrika. Das Erz wurde in Indien zu Stahl verarbeitet und in Damaskus und Toledo zu Waffen oder kunstvollem Gitterwerk geschmiedet. Man kannte die Stahlherstellung schon aus keltischer Zeit, aber im Mittelalter wurde sie zu einem wichtigen Produktionszweig, selbst Hochöfen kannte man damals schon. Zuckerwaren erfreuten sich großer Beliebtheit in der arabischen Welt. Von den Plantagen in Ägypten und dem Irak wurde Zuckerrohr importiert und zu Zucker verarbeitet. Weitere Industriezweige waren der Maschinenbau und der Schiffbau. Der Holzbedarf war entsprechend immens, wurde doch das Holz nicht nur als Baumaterial, sondern auch als Brennstoff für die Produktion benötigt. Die islamischen Gebiete waren leider waldarm. Heute können wir uns nicht mehr vorstellen, dass Südeuropa ur-

sprünglich von Urwäldern bedeckt war. Jedenfalls war es im Mittelalter noch sehr waldreich und während der islamischen Dominanz der Hauptholzlieferant für die arabische Industrie. Beutezüge (sogenannte Razzien) gegen Byzanz waren an der Tagesordnung, doch mit dem Verlust der Seeherrschaft im Mittelmeer wurden Amalfi und später Venedig die größten Holzexporteure. Der Bedarf an Arbeitskräften war in dieser Industrialisierungswelle ebenfalls gewaltig. In den Minen und auf den Plantagen wurden sie gebraucht. Gleichzeitig verstärkte sich der Bedarf an 'Sicherheitskräften': In den Palästen konnten die Leibgarden der Machthaber viele tausend Mann stark sein, und in den Kriegstruppen nicht weniger.

Der Zugang der islamischen Welt zu den Sklavenmärkten wurde später verbaut, Portugal und Spanien übernahmen das Geschäft durch neue Handelswege unter Vasco da Gama, Columbus, Magellan und dem wiedererstarkten christlichen Abendland und importierten Gold und Sklaven.

GRIECHENLAND

Der Ölbaum und der Weinstock sind seit der griechischen Antike in Europa beliebt, weil sie köstliche Fruchtsäfte geben: Olivenöl und berauschenden Wein. Vor 2600 Jahren beschifften die Griechen die Gestade des Mittelmeers und verbreiteten ihre Anpflanzungen im Süden Europas. Wein und Olivenöl wurden beliebte Handelsprodukte. In Frankreich gründeten Griechen die Akropolis von Marseille und fuhren die Rhône aufwärts nach Arles und Avignon, wo sie ebenfalls ihre städtische Kultur durchsetzten.

Auf diese klassische Antike beziehen wir uns, wenn wir von der Wiege Europas sprechen.

Doch begann unsere Geschichte nicht erst damals und nicht nur dort, auch war sie nicht voraussetzungslos.

Die Kelten hatten schon vor den Griechen in diesen französischen Ortschaften gesiedelt und mit dem Städtebau begonnen. Vor allem aber verdankten sie ihre Kultur dem Orient: Der Ölbaum und der Weinstock stammen aus Kanaan, einem Land, das im heutigen Palästina und Syrien lag. Später kam von dort auch die uns beherrschende Religion, das Christentum. Bekanntlich zogen die Stämme Israels nach Kanaan, dem 'Land, in dem Milch und Honig fließen'. In diesem gelobten orientalischen Kanaan, wo auch Wein und Öl fließen, lagen Europas Wurzeln. Kanaan war lange unter ägyptischer, später dann unter persischer Herrschaft, bevor Alexander der Große sein 'Weltreich' im 4. Jahrhundert vor Christus schuf. Der Götterhimmel veränderte sich hin zum patriarchalischen Zentralismus, aber der eine und einzige Gott wurde erst unter römischer Herrschaft durchgesetzt.

Die Griechen brachen vor 2600 Jahren auf, weil es zuhause zu wenig Nahrungsmittel gab. Mit der Verpflichtung, in den nächsten 10 Jahren nicht zurückzukehren, wurden sie für die Reise ausgestattet. In der Fremde hörten sie auf, Griechen zu sein, denn sie vermischten sich mit den einheimischen Völkern Südeuropas (Ligurer, Etrusker) und assimilierten die Kelten, die zur selben Zeit vom Norden her zum Mittelmeer kamen. Die Entstehungssage von Marseille erzählt die Geschichte einer glücklichen Begegnung: Die heimische Prinzessin wollte sich vermählen. In der emanzipierten keltischen Kultur durfte sie sich aus der Reihe der unverheirateten Jünglinge, die zusammengerufen worden waren und nun vor ihr standen, den Mann ihrer Wahl aussuchen. In dem Augenblick waren die Griechen im Hafen gelandet und ihr Anführer wollte sie begrüßen. Vor Begeisterung entzückt fiel ihre Wahl sofort auf ihn. Die Griechen hatten im Gegensatz zu den Kelten eine recht menschliche Götterwelt, die aber vielfach auch aus Naturgewalten abgeleitet war (Beispiel Demeter). Sie waren vor allem Händler und Seefahrer. Gemeinsam schufen sie ein Reich, das Morgen- und Abendländer umschloss.

Kelten und Griechen kannten beide den Städtebau und die Schrift, waren aber gesellschaftlich sehr unterschiedlich strukturiert. Die Kelten hatten eine Naturreligion mit mächtigen weiblichen Gottheiten wie der Brigitte, Frauen waren gesellschaftlich wichtig und kämpften auch mit. Wasser war ihnen heilig, so dass sie oftmals an Quellen ein Heiligtum errichteten. Noch heute gibt es viele christliche Kapellen und Einsiedeleien, die über einer keltischen Kultstätte errichtet wurden, nachdem zwischenzeitlich die Römer daraus ein römisches Heiligtum gemacht hatten. Die nomadischen Ursprünge der Kelten bewirkten, dass sie nur vorübergehend sesshaft wurden, dort auch steinerne Städte größeren Ausmaßes bauten, aber doch immer wieder weiter zogen. Ihr Kampfgeist, ihre Unerschrockenheit und das Aufkommen neuer Waffen in der Eisenzeit machten sie zu überlegenen Gegnern, die erst von den Römern besiegt wurden. Der lateinische Name Oppidum verbirgt, dass es sich um keltische Städte handelte, deren zahlreiche Spuren bis heute in Zentral- und Südeuropa erhalten sind.

Während die Kelten nur der mündlichen Überlieferung vertrauten und keine schriftlichen Zeugnisse hinterließen, haben die Griechen grundlegende Schriften in allen geistigen Disziplinen verfasst (aber nicht voraussetzungslos, sondern aufbauend auf Wissen aus Asien). Unser europäisches Denken ist nachhaltig von ihnen geprägt worden, doch ihre Kultur war zugleich extrem patriarchalisch, Sklaverei war normal. Ihr Olymp, der von Göttern bewohnte Berg, ist eine Adelsreligion, hierarchisch, der griechischen Gesellschaft nachgebildet mit einem Mann an der Spitze. Säße er nicht auf dem Berg, wäre es eine normal menschliche Hausgemeinschaft.

Die Römer übernahmen diesen Götterhimmel, nur dass sie die Namen veränderten, aber ihre Gesellschaft war der griechischen ähnlich. Als die Kelten nach Griechenland kamen und sahen, was die Griechen anbeteten, konnten sie sich vor Lachen nicht halten, weil die griechischen Götter in ihren Augen nichts Göttliches hatten, sondern gewöhnliche Menschen waren.

Das antike Griechenland, welches weit über das Gebiet des heutigen Staates nach Kleinasien reichte, wird als Wiege Europas bezeichnet, insbesondere aufgrund der Leistungen in Philosophie, Naturwissenschaften, Geschichtsschreibung und Literatur. Es war die Wiege des demokratischen Gedankens, Wahlen fanden statt, aber die Gesellschaft war hierarchisch aufgebaut. Frauen und Kinder waren den Männern untergeordnet. Behinderte Kinder wurden ausgesondert. Besitzlose wurden von Besitzenden beherrscht, Nichtbürger von Bürgern.

GRIECHISCHE PHILOSOPHIE

SOKRATES (469 – 399 vor Chr.) war Philosoph und Lehrer an eigener Schule in Athen, dem kulturellen Zentrum Griechenlands und der mächtigsten Stadt im republikanischen Bund. Sokrates war so bedeutend, dass alle früheren Philosophen Vor-Sokratiker genannt werden. Seine Art der Gesprächsführung ist als sokratischer Dialog bekannt, mit dem er das Wesen der Dinge herauszufinden versucht. Das Ergebnis der Erforschung sollte gemäß seiner Philosophie offen bleiben, sie wird deshalb als Hebammenkunst bezeichnet. Aus den Erkenntnissen folgt das richtige Handeln. So entwickelte er seine Ethik, die praktische Konsequenzen hatte und nur auf der Grundlage von Gerechtigkeit zum Heil führen kann. Der Philosoph darf nicht gegen seine Einsichten handeln und Unrecht tun. Er wurde wegen Missachtung der Götter zum Tod verurteilt. Er weigerte sich, zu widerrufen oder zu fliehen, weil er sich damit ins Unrecht gesetzt hätte.

PLATON (428 – 348 vor Chr.) war ein Schüler des Sokrates, von dessen Wirken er viele Zeugnisse abgelegt hat. Er begründete die Platonische Akademie. Ethik, Kunst, Anthropologie, Sprache, Kosmos und Staatstheorie interessierten ihn gleichermaßen. Seine Philosophie nennen wir idealistisch, weil sie sagt, dass es vor jedem irdischen Ding eine Idee gibt, von der wir nur eine mehr oder weniger gute Kopie sehen. Die Trägheit der Materie und ihre widersetzlichen Tendenzen können dazu führen, dass das Ding zerfällt, sich auflöst. So verfällt die gute Idee des Staates in der Wirklichkeit vom Patriarchat zur Oligarchie, die Demokratie in die Tyrannei, weil die weisen Führer mit den niederen Klassen vermischt werden, so wie Gold verunreinigt wird durch weniger edle Metalle. Eigentlich müssten Philosophen die Herrscher sein, um der Idee am nächsten zu kommen, war Platons Überzeugung. Für ihn war die Seele unsterblich. Er forderte eine Gleichstellung der Frauen, was damals ungewöhnlich war. In der Naturwissenschaft hat sich Platons Idealismus nicht halten können, aber in der Linguistik, Kulturphilosophie, Theologie und Psychologie hat er noch heute seine Anhänger.

ARISTOTELES (384 – 322 vor Chr.) kam als 17-Jähriger auf Platons Akademie, unterrichtete bald selbst, musste aber gehen, weil er andere Auffassungen vertrat, und gründete folglich ebenfalls eine eigene Schule. Er beeinflusste nachhaltig die verschiedensten Disziplinen.

Wissenschaftstheorie: Er begründete die formale Logik und erarbeitete eine dialektische Argumentationslehre, womit er auch die Rhetorik veränderte.

Seine Position in der Naturlehre war: Die Natur ist nach einem Plan gebaut, in dem jedes Ding seinen Zweck hat. Zweck des Menschen ist das Zusammenleben mit anderen. Aristoteles unterschied Materie und Form. Das Leben ist die Materie, die in verschiedenen Körpern auftritt, den Formen. So konnte er Veränderungen (Wachsen und Vergehen) in der Natur erklären und empirisch in Physik und Biologie erforschen.

Metaphysik: Anders als Platon ging er nicht von den abstrakten Ideen, sondern den konkreten Dingen aus. Er vertrat schon damals die Theorie, dass die Erde rund sei.

In der Ethik meinte er: Ziel des Lebens ist Glück. Dafür braucht man Verstand und Charakter und eine Kontrolle seiner Gefühle, also auch Erziehung und Unterrichtung. Aristoteles strebte wie Sokrates nach Gerechtigkeit als Grundlage des Zusammenlebens.

Seine Staatslehre besagte: Der Mensch ist ein Gemeinschaftswesen, das mit Sprache und Vernunft ausgestattet ist. Die Gemeinschaftsform des Staates ist die Voraussetzung für Glück. Favorit aller Verfassungsformen war für Aristoteles das Gemeinwesen, das von den Vernünftigen bzw. Besonnenen seiner Mitglieder gelenkt und geleitet wird, die Politie. Nur in der Gemeinschaft ist Unabhängigkeit möglich. Er machte eine empirische Analyse aller Verfassungsformen, die richtungsweisend war, weil er ihre Mängel und Vorzüge beschrieb.

Poetik: Die emotionale Erschütterung durch die Tragödie war ihm am wichtigsten.

Die Tradierung philosophischen Wissens im christlichen Mittelalter lag in den Händen von Kirchenmännern. Sie lehnten Aristoteles ab, weil er das Weltall für ungeschaffen und unvergänglich hielt und die Unsterblichkeit der Seele bezweifelte. Seine Logik in platonischer Gestalt war noch akzeptabel, aber seine Dialektik verachteten sie. Nur Bruchstücke, und zumeist aus der Rhetorik, blieben erhalten. Ansonsten überwinterte Aristoteles' Denken im Orient und spielte im europäischen Denken ein Jahrtausend lang keine Rolle mehr. Der Wunsch nach einer 'Re-Naissance' der klassischen Antike im 14. Jahrhundert (Petrarca) bezog sich gerade nicht auf Aristoteles.

146 v. Chr. wurde das Gebiet des heutigen Griechenland römische Provinz, seit der Teilung des Römischen Reichs 395 nach Christus war es Kern-Bestandteil des oströmischen oder byzantinischen Reichs. Nach

der Eroberung von Konstantinopel durch die Türken 1453 und ihrem Einmarsch auf dem Peloponnes 1460 endete die christliche Vorherrschaft über Ostrom. Zur selben Zeit starb auch der letzte bedeutende griechische Philosoph Gemistos (s.u.), der einerseits Platon gegen Aristoteles vertrat, andererseits aber ein heftiger Verfechter des weltlichen Staates war.

Die Medizin war eine der wichtigsten Wissenschaften, die im antiken Griechenland gepflegt wurden. Hippokrates (ca. 460 - ca. 370) von der Insel Kos in der Ägäis war der berühmteste Arzt der griechischen Antike und begründete die Medizin als Wissenschaft. Nicht mehr magisch-religiös, sondern naturphilosophisch war sein Ansatz, der sich in der Temperamenten-Lehre (Melancholiker, Choleriker, Sanguiniker, Phlegmatiker) bis heute gehalten hat. In seiner Nachfolge stand Galen.

Galen (ca. 130 - ca. 200) aus dem griechischen Pergamon wurde von seinem Vater in Mathematik, Naturlehre und der Philosophie von Aristoteles unterrichtet, studierte Medizin in Alexandria und wurde Arzt. Dort gab es auch ein Heilstätte (Asklepieion) mit angeschlossenem Sanatorium. Die umfangreiche Bibliothek von Alexandria war ebenfalls für das Studium wichtig, weshalb Studenten aus aller Welt dorthin gingen.

Alexandria war damals Zentrum der Heilkunst und der einzige Ort, wo seziert werden durfte. Galen schuf ein grundlegendes Werk, das im Original nicht erhalten ist.

Hunayn ibn Ishq (808-873), ein christlicher Araber in Bagdad, studierte auch in Alexandria Medizin, war Chefarzt am Hof des Kalifen und übersetzte im 'Haus der Weisheit' Galens und viele andere medizinische Bücher. Im Orient wurde die Medizin weiter entwickelt.

RÖMISCHES IMPERIUM

HANNIBAL ANTE PORTAS

Der römische Tyrann Julius Caesar wurde 44 vor Christus ermordet. In seiner Nachfolge entstand ein Machtvakuum, in dem sich eine neue Tyrannei abzeichnete. Der Politiker Cicero war ein brillanter Redner und republikanisch gesinnt. Er wollte die Machtansprüche des Marcus Antonius abwehren. Cicero malte die schlimmste Gefahr, die damals vorstellbar war, an die Wand: 'Hannibal ante portas' war, so heißt es, seine Warnung. Er behauptete also: 'Hannibal steht vor den Toren Roms'.

Cicero bezog sich auf ein bedrohliches historisches Ereignis aus den Anfängen des Römischen Reiches. Hannibal Barka stammte aus Karthago, das im heutigen Tunesien liegt. Er war Afrikaner und somit ein Orientale. Hannibals Vater hatte sein Reich bis nach Spanien ausgedehnt (der Ebro war die Grenze) und 900 Jahre vor den Arabern die Eroberung Europas begonnen. Damals schon: Orient gegen Okzident. Hannibal selbst zog mit Elefanten und 50 Tausend Soldaten über die Alpen gegen Rom. Ein römisches Heer von 80 Tausend Soldaten hatte ihn 216 vor Christus daran nicht hindern können, sondern war aufgerieben worden.

Hannibal war also bis zu dem Zeitpunkt der Brandreden Ciceros der gefährlichste Gegner Roms gewesen, und Cicero vergleicht Antonius mit Hannibal. Das ist rednerisch geschickt, ein rhetorischer Trick, um den Gegner zu diffamieren, man könnte es auch eine Lüge nennen, denn Roms Unterjochung unter eine afrikanische Macht stand zu Ciceros Zeiten, im Jahre 44 vor Christus, nicht mehr an. Antonius war Römer, aber ihn als Afrikaner zu bezeichnen, war gleichbedeutend mit grausam, herrschsüchtig und tyrannisch.

Rom hatte den Vorstoß der Griechen ins Morgenland mit ihrer Beherrschung des Mittelmeerraumes fortgesetzt. Nach dem griechischen Großreich Alexanders vereinigten die Römer große Teile Europas (bis Sachsen), Afrikas und Asiens zu einem morgen- und abendländischen Weltreich, das nach den Eroberungen vier Jahrhunderte lang relativ friedensreich war.

Die römische Kultur unterschied sich in vielen Punkten von der griechischen. Anstelle des Staatenbundes trat ein Zentralstaat. Philosophie und Wissenschaft verloren an Bedeutung, so dass die gebildeten Menschen Griechisch sprachen und lasen, bis sich das Lateinische und die Unbildung durchsetzten. Praktisches Wissen im Städtebau und der Wasserwirtschaft und rhetorische Fähigkeiten in der Politik, aber auch militärisches Wissen wurden bedeutsamer, so dass Cicero als einer der größten Theoretiker gepriesen wird.

CICERO

Der römische Politiker und Schriftsteller Cicero (106 – 43 vor Chr.) wurde durch seine Reden berühmt und hat die europäische Briefkultur nachhaltig beeinflusst. Seine flammenden Reden für eine republikanische Verfassung gegen Verschwörer machten ihn zu einem stilistischen Vorbild. Sein Verhalten war weniger eindeutig. Noch im 20. Jahrhundert diente er als Beispiel der lateinischen Größe und diente zur Glorifizierung eines goldenen Zeitalters, auf das man sich beziehen konnte. Danach kam es angeblich zu einer Dekadenz: Die Inhalte wurden gröber, das sprachliche Niveau sank durch den Einfluss der Umgangssprache. Linguistisch betrachtet ist das Ideologie: Sprache wandelt sich und muss sich wandeln, weil sich die Welt verändert. Hinter dem Vorwurf des Sprachverfalls stand das Interesse nach Machterhalt und steht das Bedauern über ihren Verlust.

Die römische Frau war sozial höher gestellt als die griechische. Sie durfte ins Theater, den Circus, die öffentlichen Bäder oder die Arena gehen, an Gastmahlen teilnehmen, sich künstlerisch oder wissenschaftlich bilden. Aber ihre Position blieb extrem untergeordnet. Ihr Vater konnte sie an einen Mann verkaufen. Der Mann hatte die absolute Gewalt, die Macht des männlichen Familienoberhauptes war uneingeschränkt und über die gesamte Hausgemeinschaft, Familie genannt: das waren die verheirateten Söhne mit ihren Frauen und Kindern, Adoptivsöhne, Sklaven, Vieh und alles Besitztum. Dieser Familienvater entschied über die Aussetzung neugeborener Kinder, die er nicht aufziehen wollte, entweder aus finanziellen Gründen oder weil sie unehelich, behindert oder Mädchen waren. Sie wurden auf einen Dunghaufen gesetzt oder getötet. Üblich war, nur ein Mädchen pro Frau überleben zu lassen.

Das römische Reich war groß, doch koexistierte es: Das persische Reich war davon ebenso wenig berührt wie die arabischen Gebiete. Dieses römische Reich hatte anfangs gewählte Konsuln zu ihren Herrschern, an deren Stelle der Kaiser trat, der sich schließlich sogar als göttlich ausgab und somit zum geistigen und weltlichen Oberhaupt des römischen Reiches wurde. Konstantin I. war von 306 bis 337 Kaiser. Historisch bedeutend ist seine Regierung wegen der von ihm eingeleiteten Wende, mit der der Aufstieg des Christentums im Imperium begann. 313 wurde Religionsfreiheit garantiert und damit auch das verfolgte

Christentum erlaubt. Konstantin privilegierte das Christentum auch in der Folgezeit und berief 325 das erste Konzil von Nicäa (eine griechische Stadtgründung in Kleinasien) ein, um Glaubensstreit beizulegen. Seit dem Augenblick, als Kaiser Konstantin auf Anraten seiner Frau zum christlichen Glauben übertrat, wurde das katholische Oberhaupt der römischen Kirche zum Stellvertreter Gottes auf Erden, weil die Cäsarenwürde als göttlich angesehen wurde. Konstantin verlegte seine Hauptresidenz in den Osten nahe Nicäa, in die alte griechische Kolonie Byzanz, und nannte sie Konstantinopel ('Stadt des Konstantin'), die er prächtig ausbaute und 330 feierlich einweihte. Rom verlor damit weiter an Bedeutung, wenn es auch ein wichtiges Symbol für die Rom-Idee blieb. Konstantins Schritt war verständlich, weil die strategische Lage der neuen Hauptstadt an einem Verkehrsknotenpunkt ungleich besser war, sie lag geschützt und im wirtschaftlich wichtigeren Osten. Allerdings war die städtische Entwicklung erst im 5. Jahrhundert abgeschlossen. Hofrhetorik und Kirchenpolitik erhoben Konstantinopel dann in den Status eines neuen Roms.

Unruhige Zeiten führten vorübergehend zu einer Trennung von politischer und religiöser Herrschaft, zumal Rom neben Jerusalem, Alexandria und Antiochia nur einen von vier Patriarchen stellte, aber spätestens im 6. Jahrhundert mit Justinian war der Caesaro-Papismus wieder verankert und Papst Gregor der I. (590-604) begründete die weltliche Macht des Papsttums, die zu immer neuen Machtkämpfen mit Königen und Kaisern führte. Bei der Usurpation dieses Titels ist es für den Papst bis heute geblieben, aber nicht bei der Möglichkeit, den 'heiligen Bund' der Ehe einzugehen, wie es früheren Päpsten erlaubt war.

WESTGOTEN, FRANKEN UND ARABER

Von 400 bis 800 zerfiel das römisch-katholische Weltreich zunehmend. Aus dem Norden drangen germanische Stammesverbände über Rom bis Griechenland und über Spanien bis Nordafrika (Karthago) vor und brachten eine neue Kultur mit, die an die keltischen Traditionen Südeuropas anknüpfte: Goten, Alemannen, Vandalen, Franken. Das Reich der Westgoten beherrschte große Teile der iberischen Halbinsel, das der Ostgoten Italien, das der Vandalen Nordafrika (Karthago), und die Franken waren schon nach Westen vorgedrungen, dem Gebiet, das später ihren Namen tragen sollte: Frankreich. Im 6. Jahrhundert war das Mittelmeer zwar stark von diesen Mächten beeinflusst, aber ihre Macht war von kurzer Dauer. Letztlich wurden sie akkulturiert und nahmen mehr oder weniger die römische Lebensweise an, ohne die kulturelle Entwicklung zu befördern.

CHRISTLICHER GLAUBE UND WELTLICHE MACHT

Der römische Kaiser verhalf dem Christentum an die Macht, und er sorgte dafür, dass die religiösen Überzeugungen kodifiziert wurden. Aber die Macht zerfiel, germanische Völker zogen gen Süden und eroberten große Teile des Mittelmeerraums, unterschiedliche Interpretationen der Bibel setzten sich durch.

Ein zentraler Streitpunkt war die Lehre von der Dreieinigkeit, der Trinität. Waren Vater, Sohn und Heiliger Geist eins, zwei oder drei, gleichberechtigt oder einander untergeordnet, gottmenschlich, immer schon da gewesen, ewig und zeitlich oder nacheinander entstanden? Andere Spitzfindigkeiten waren die Inkarnation, die Eucharistie, die Sakramente, und die Erlösung, aber auch der Priesterstand. Darüber ließ sich trefflich streiten und wurde lange gestritten, um die jeweils eigene Position als die allein verbindliche und seligmachende durchzusetzen.

Zwei Hauptrichtungen bestanden: die lateinisch-trinitarischen und die griechisch-trinitarischen Christen. Dagegen wendeten sich die arianischen Christen, die nur Gott anerkannten. So wie es heute noch die Mormonen und die Zeugen Jehovas tun. Im 4. Jahrhundert entwickelte der Bischof Wulfila aus dem Griechischen eine gotische Schrift und übersetzte die Bibel. Als Arianer unterstanden die Goten Byzanz und nicht Rom. Sie herrschten jedoch auf ehemals römischem Gebiet. Es kam zu heftigen Auseinandersetzungen. Auf der iberischen Halbinsel lebten Arianer und Trinitarier, bevor die Araber im 8. Jahrhundert dorthin kamen.

Aus dem byzantinischen Reich kam im 7. Jahrhundert eine weitere christliche Bewegung, die Paulizianer genannt wurden, weil sie sich auf die Evangelien und die Paulus-Briefe bezogen. Jesus war für sie ein Prophet (wie für Mohammed), aber kein Gott, auch waren sie gegen den Marienkult. Die soziale Gleichheit der Menschen war ihnen wichtig, Arbeit hatte einen hohen Wert, Klerus und Kulte wurden abgelehnt. Ihre Religion wird als dualistisch bezeichnet, obwohl sich die Zweiteilung in Gut und Böse, Gott und Teufel, Himmel und Hölle, Selig und Sündig auch in anderen christlichen Religionen findet. Die Paulizianer wurden fast vollständig ausgerottet, denn sie hatten großen Anklang bei der bäuerlichen Bevölkerung und lehnten die römische Kirche ab, die gerade dabei war, sich zu behaupten.

Die Überlebenden wurden nach Thrakien umgesiedelt, wo sich ihre Religion wieder ausbreitete und in Bulgarien als Bogomilismus zu neuer Blüte kam. Von dort beeinflussten sie dann offensichtlich sogar Südfrankreich, denn die Religion der Katharer geht auf die Bogomilen zurück.

Die Waldenser (die 'Armen von Lyon') waren eine der bekanntesten Armutsbewegungen neben zahllosen anderen, die zur Umkehr aufriefen und ein gottgefälliges Leben in Armut propagierten. Sie lehnten die Beichte und auch die Todesstrafe ab und akzeptierten nicht, dass die Kirche sich bereicherte, dass ihre Priester ein sündiges Leben führten, aber anderen die Beichte für ihre Sünden abnahmen, dass Wein sich beim Abendmahl in Jesus' Blut verwandelte und dass auf Latein gepredigt wurde. Sie übersetzten das Neue Testament ins Okzitanische und lasen bei ihren Gottesdiensten daraus vor. Interpretierende Auslegungen ließen sie nicht zu, folglich auch keine Predigten. Nachdem die katholische Kirche die Häretiker erfolglos mit dem Tod auf dem Scheiterhaufen bedroht hatte, entwickelte sie die Idee des Fegefeuers. Aber auch die Androhung der ewigen Verdammnis in der Hölle konnte die Waldenser nicht überzeugen.

Während in Zentraleuropa die Hunnen ihr Reich aufbauten, überquerten Vandalen, Alanen und Sueben die Pyrenäen und zogen nach Afrika weiter. Dann eroberten Goten die iberische Halbinsel und machten Toledo zu ihrer Hauptstadt. 587 traten sie vom arianischen zum katholischen Glauben über und verbündeten sich mit Byzanz, wo Griechisch gesprochen wurde. Dennoch wurde das Vulgärlatein zur Verkehrssprache für die verschiedenen Ethnien: Goten, Römer, Kelto-Iberer, Griechen, Karthager und Juden. Die Herrschaft der Westgoten war das brutalste Sklavenhaltersystem der Antike, sie bekämpften sich auch untereinander. Die Araber hatten leichtes Spiel bei der Eroberung. Einige Goten flüchteten gen Norden in das Pyrenäenvorland, das die Araber nicht interessierte, und gründeten die kleinen Königreiche von Kastilien und Asturien.

Das ost-römische Reich spaltete sich immer mehr von Rom ab und wurde mit seiner Hauptstadt Konstantinopel zu einem Zentrum der Macht. Langobarden, Gepiden, Avaren und Alanen bedrängten Ostrom von Norden, die Sassaniden aus Persien und südlich davon die Araber vom Osten, aber fast der gesamte Küstenstreifen am Mittelmeer war noch lange in der Hand Ostroms. Doch der innerchristliche Streit fand zu einem Zeitpunkt statt, wo ein Mitbewerber nach Europa gekommen war, der den Seeweg über Spanien nahm und bis in die Mitte Frankreichs (Poitiers) vordrang: die Araber.

Seit dem 6. Jahrhundert war es dem selbsternannten Propheten Mohammed gelungen, die zerstrittenen arabischen Völker zu vereinen und einen Eroberungszug entlang der nordafrikanischen Mittelmeerküste im Namen seiner neuen Religion zu ermöglichen. Diese Religion war einfacher und versprach schnelleres Heil als das Christentum, obwohl sie auch auf der Bibel aufbaute.

719 schon eroberten die Araber in Südfrankreich Narbonne. Von dort zogen sie nach Osten und besiegten Arles, Nîmes, Avignon und die Provence bis nach Nizza, hatten einen Brückenkopf an der Küste (Fraxinetum), von wo aus sie das Meer beherrschten, Korsika einnahmen, nach Marseille zogen und Arles plünderten, die Hauptstadt des Königreichs Burgund. Sie zogen im Westen nach Toulouse und Bordeaux, im Norden nach Lyon und Dijon und in das südliche Reich der Franken mit seiner Hauptstadt Autun. Über Grenoble kamen sie nach Savoyen und Oberitalien, aber auch nach Genf und in die Schweiz. Während sie in der Schweiz nur einige Jahre herrschten, waren es andernorts Jahrzehnte und in der Provence fast ein Jahrhundert. 732 erlitten sie bei Poitiers in der Mitte Frankreichs eine Niederlage durch den Franken Karl Martell, die glorifiziert wurde, aber ihren Elan nicht bremsen konnte. 793 eroberten sie Narbonne zurück, 985 zum letzten Mal Barcelona.

Grenze des fränkischen Reiches war zeitweilig die Südseite der Pyrenäen, die Karl dem Großen fast zum Verhängnis geworden waren, als er weiter nach Spanien eindringen wollte, weil er den arabischen Truppen hoffnungslos unterlegen war. Dieses große Franken-Reich hatte keinen Bestand, Nachfolgekämpfe um die Macht führten zu immer größerer Zersplitterung, Byzanz entfernte sich weiter, so dass der Papst zu einem der stärksten weltlichen Herrscher Europas heranwuchs, der Ende des 11. Jahrhunderts den offenen Kampf um die Macht einging.

Europas Situation nach der Jahrtausendwende lässt sich zusammenfassend als Zerreißprobe beschreiben. Rom hatte die fränkische Kultur nach und nach assimiliert und hatte die Rechtlosigkeit der Frau bewahrt. Einige Frauen rebellierten im Namen von Christus. Sie verweigerten sich dem Mann in der erzwungenen Ehe und widmeten sich stattdessen einem Leben in der Nachfolge Christi. Sie wurden als Heilige verehrt, gründeten Klöster, denen sie auch vorstanden, allerdings waren sie in der Regel Adlige. Sie waren gebildet, schrieben Bücher, das erste umfangreiche pädagogische Werk des Mittelalters stammte aus der Feder einer Frau. Im Allgemeinen jedoch galt das Dogma der Erbsünde, die zwar alle Menschen betrifft, aber insbesondere die Frauen, die in den Augen von Kirchenmännern (sogenannter Kirchen-Väter) Menschen zweiter Klasse sind, denn in der Nachfolge Evas tragen sie die Schuld dafür, dass das Böse auf die Welt kam.

Roms Stellung im Inneren wurde durch Kritik von unten her in Frage gestellt, denn die weltliche Macht, der zur Schau gestellte Reichtum, das Eintreiben von Geld, die hierarchische Struktur, das Latein als Kirchensprache fanden bei den einfachen Leuten immer weniger Zustimmung. Oppositionelle Gruppen bildeten sich, die zum Teil akzeptiert und integriert wurden, zum Teil auf scharfe Ablehnung stießen, je nachdem wie weitgehend ihre Kritik an der römischen Kirche war. Die beiden großen christlichen Bewegungen, die als nicht integrierbar eingeschätzt wurden, waren die Waldenser und die Katharer (oder Albigenser), aber daneben gab es Dutzende von 'häretischen' Gruppen. Sie wurden zum bedrohlichsten inneren Feind, als im Süden und Westen Frankreichs fast alle mächtigen Fürsten den neuen Glauben annahmen. Gen Italien war man eher waldensisch, gen Spanien jedoch katharisch, obwohl diese Strömung aus dem byzantinischen Machtbereich stammte. Okzitanien war im Begriff, zu dem stärksten christlichen Machtblock Südeuropas zu werden und eine weiteres Schisma zu provozieren.

Roms Stellung im Äußeren wurde im Norden vom deutschen Kaiser, im Osten vom Byzantinischen Reich und im Südwesten vom arabischen Kalifat bedroht.

ITALIENISCHE STADTREPUBLIKEN

Um 1200 begann die Auflösung der arabischen Mittelmeerherrschaft. Die Balearen gingen verloren. Die souveränen italienischen Stadtrepubliken Florenz, Amalfi, Genua, Pisa und Neapel übernahmen den Handel im Westen; Sizilien und Venedig eroberten den Handel im Osten, wobei Venedig eine Schlüsselstellung hatte und zur stärksten Seemacht wurde.

Um 1500 stieg nach und nach Spanien zur neuen Vormacht im Mittelmeer und im Atlantik auf. Von diesem Zeitpunkt an begann Europa, die Welt zu erobern, zu unterwerfen, auszubeuten und zu christianisieren, und das Mittelmeer rückte aus dem Zentrum des Interesses an den Rand. Es hörte auf, Mitte der Welt zu sein, weil aus der Scheibe eine Kugel wurde und sich der Horizont erweiterte. Abendland und Morgenland begegneten sich dort immer noch, aber das Abendland erweiterte sich bis Amerika und Australien. Doch das geschah später. Dazwischen lagen drei Jahrhunderte italienischer Vormachtstellung.

Der Aufstieg der Stadtrepubliken verdankte sich verschiedenen Faktoren, die letztlich Venedig am meisten begünstigten:

Italien hatte um 1200 keine zentrale Macht, die das ganze Land beherrschen konnte. Adel und Kirche waren im Niedergang und deshalb zerstritten. Eine neue Klasse begann ihren Aufstieg: Das Bürgertum entwickelte die Städte nach dem spanisch-maurischen Vorbild.

Republikanische Verfassungen entmachteten die feudalen Herrscher. Eine Herrschaft von Zünften wurde eingeführt. Das Leben in den Städten wurde so attraktiv, dass sie ab dem Jahr 1000 anwuchsen und sich bis 1300 zu bedeutenden Zentren des Lebens entwickelt hatten. Florenz hatte um 1300 ungefähr 100 Tausend Einwohner. Die Städte hatten ein ausgedehntes Umland mit wohlhabenden Vorstädten, aber auch Landgemeinden und Bauernhöfen, die Bestandteile der Stadtrepublik waren. Die arabischen Handelserfahrungen hatten zu schriftlichen und rationalen Handelsmethoden geführt. Genua und Venedig hatten eine geographische Schlüsselstellung, weil sie die Alpenpässe kontrollierten. Der Geldbedarf nicht nur für Kriege stieg und somit die Bank- und Kreditgeschäfte. Die christlichen Kreuzzüge in den Orient waren einträgliche Transportgeschäfte. Venedig erreichte, dass der 4. Kreuzzug nur nach Byzanz führte und den Konkurrenten dauerhaft schwächte. Die Kriegsbeute war reichlich. Sizilien verlor ebenfalls seine Position, denn die Osmanen eroberten Sizilien.

Es konnte also von römisch-katholischer Seite nicht verhindert werden, dass sich die neue Kultur in Italien durchsetzte, die von der iberischen Halbinsel her eingedrungen war. Die Grenze nach Norden war offen., denn der deutsche Kaiser bemerkte nicht, dass mit den Handelsgütern auch die neue Kultur über die Grenze kam. Begehrte Orientwaren waren: Seide, Brokate, Damast- und Gazestoffe, Baumwolle, Kamelhaar, Elfenbein, Porzellan, Farbstoffe, Gewürze, Parfüme, Arzneimittel, Perlen, Edelsteine. Sie wurden gegen Tuche und andere Erzeugnisse der europäischen Gewerbelandschaften in Italien (Mailand, Florenz), Flandern (Brügge, Gent) oder Deutschland gehandelt.

DIE HANSE

Der Aufschwung des Handels beförderte die Industrialisierung, die neue Wirtschaftsräume entstehen ließ. Einen entscheidenden Beitrag zum Kulturtransfer leistete die Hanse. Sie war nicht nur ein Zusammenschluss von Händlern, sondern auch ein Städtebund, der die Stadtentwicklung und den Aufstieg des Bürgertums vorantrieb.

Schon vor dem Jahre 1000 datieren größere Mengen byzantinischer und arabischer Münzen, die auf der Insel Gotland gefunden wurden. Die Länder um die Ostsee herum waren damals dennoch gering entwickelt. Der Handel der Ostsee war bis ins 11. Jahrhundert in der Hand der Nordmänner (Wikinger), wobei Seeräuberei damals noch üblich war. Pelzwerk und Bernstein aus dem Norden wurden gegen edle Metalle, kostbare Stoffe und Waffen getauscht, denn das Geld begann nur langsam, sich dort durchzusetzen. Dafür bedurfte es der Einführung neuer Rechtsvorstellungen und -formen, die nicht auf Gewalt beruhten. Also musste auch die Macht der Wikinger beschnitten werden.

DIE HANSE
Im 12. Jahrhundert entstand die Hanse als Wirtschaftsgemeinschaft, die den Nord- und Ostseeraum dominierte. Ihre beste Waffe war die Kogge, die an die Stelle des Ruderbootes trat, das weniger Ladung aufnehmen konnte und langsamer war. Lübeck, Hamburg, Wisby waren wichtige Hafenstädte der Hanse, aber auch im Landesinneren gab es ein Netz von Hansestädten wie Braunschweig oder Breslau. Das Deutsche Reich dehnte sich bis Italien aus, so dass alle Handelswege nach Norden offen waren und zu den Hansestädten führten, die dann weiter nach England, Skandinavien und in den Osten gingen, der von 'christlichen' Soldaten erobert wurde.

Die Verschiebung des Schwerpunktes vom Mittelmeer zum Atlantik und der Aufstieg Spaniens zur vorherrschenden Seemacht brachten den Niedergang der Hanse.

Um 1100 orientierte sich der deutsche Kaiser weiterhin gen Süden, die Verbindung mit der Mittelmeerwelt hatte einen wirtschaftlichen Aufschwung gebracht, die Kaufleute aus dem Süden brachten Waren aus dem Morgenland nach Bayern, Franken, ins Rheinland. Köln besorgte den Handel mit Flandern und England. Die Macht des Adels schwand, weil das Erbrecht zu ständigen Teilungen führte, während die Macht der Kirche davon unbehelligt war, durch Zahlungen der Mitglieder sogar wuchs. Über 100 Klöster waren nicht nur Wirtschaftsunternehmen, sondern auch Wehrburgen. Während um 900 in deutschen Landen vierzig

Städte gezählt wurden, waren es um 1200 schon 250 Städte geworden, die oftmals aus Marktflecken entstanden. Mit ihnen hatte sich auch die Bevölkerungszahl verdoppelt.

Die Städte bildeten das Fundament einer neuen Gesellschaft, denn sie entzogen sich der Bevormundung. Gründer waren in der Regel reiche Kaufleute aus dem Fernhandel. Die erste Bürgerstadt wurde 1159 gegründet: Lübeck. Sie lag an einem strategisch günstigen Punkt als Hafen auf der Handelsstrecke von Italien nach Skandinavien. Anfangs war Heinrich der Löwe noch der Stadtherr, der einen Vogt einsetzte, aber schon 1201 wurden Ratsmänner gewählt, so dass eine bürgerliche Selbstverwaltung entstand, die der sizilianische Staufer-Kaiser Friedrich II. im Jahre 1225 besiegelte. Genauso wie in der Provence hießen die Ratsmänner Konsuln. Wien oder Freiburg mögen für Lübeck Modell gestanden haben, weil sie näher lagen als Arles oder Avignon. Doch ließ der Staufer Barbarossa sich in seiner Stadt Arles in der Provence krönen, es gab somit eine Verbindung.

Das Beispiel Lübeck machte im Nordosten jedenfalls Schule, aus der sich die Hanse entwickelte. Die Gründung erfolgte, indem der Fürst der Stadt ein Gelände zuwies. Bis auf das städtische Eigentum wurde dieses Gelände einigen wenigen Familien gegeben, den Fernhändlern. Ihnen gehörten auch die Marktplätze und der Hafen; dort schufen sie Speicher, Badehäuser, Backstuben, die sie verwerteten. Kleine Grundstücke vermieteten sie ebenfalls an Pächter, die dort Häuser errichteten, Handwerker für ihre Marktbuden und Werkstätten.

Die rasante Entwicklung des deutschen Ostseehandels ist ohne die Eroberungszüge nach Osten nicht zu erklären. Adel, Kirche und Bürgertum zogen dort an einem Strang. Vom 12. bis zum 14. Jahrhundert stießen die Kriegszüge ins Baltikum vor. Vergleichbar den Kreuzzügen ins Morgenland versuchten Adlige und Kleriker, neue Machtbereiche zu erobern. Die christlichen Soldatenorden, die schon das Morgenland überfallen hatten und dort ihre Macht mit Ritterburgen sicherten, zogen nun – mit größerem, vor allem dauerhaftem Erfolg – nach Norden und Osten. Gleichzeitig mit dem 2. Kreuzzug nach Jerusalem gab es 1147 den Kreuzzug gegen die Wenden. In beiden Richtungen ging es um die Besiedlung fremder Gebiete im Namen des Christentums. Die 'Heiden' wurden mit dem Schwert bekehrt, falls sie überlebten. Besonders die Wenden widersetzten sich der Zwangschristianisierung. Auf der Grundlage einer verbindlichen Rechtsordnung und gemeinsamen Verkehrssprache konnte der Verbund der Hansestädte sein Netz spannen, dessen Zentrum lange Zeit Lübeck blieb.

RENAISSANCE
DIE GEBURT DES CHRISTLICHEN ABENDLANDES AUS DER LÜGE

Die Renaissance gilt uns als Beginn der Neuzeit. Das ist zweifellos richtig, aber sie war anders, als sie dargestellt wird und als ihre Urheber beabsichtigten.

Im DTV-Lexikon lesen wir:

Die Renaissance ist "eine der großen Geistesbewegungen, mit der die abendländische Neuzeit beginnt. Sie setzt am frühesten (mit Vorläufern im 14. Jahrhundert, Petrarca, Boccaccio) in Italien ein und greift seit Ende des 15. Jahrhunderts über alle europäischen Länder aus. Ihre Mittelpunkte in Italien sind das Florenz des Lorenzo Medici und das Rom der Renaissance-Päpste (Alexander VI, Julius II, Leo X). Entscheidend ist die Wiedererweckung des klassischen Altertums und die 'Entdeckung der Welt und des Menschen'."

Das DTV-Lexikon war eine Taschenbuchausgabe des Brockhaus, der in dieser billigen Variante massenhafte Verbreitung fand. Seine Seriosität steht außer Frage. Fast alle Deutungen der Renaissance im Abendland decken sich mit dieser Version. An dieser Erklärung ist jedoch einiges falsch. Tatsächlich ist die Re-Naissance zuerst der Versuch, eine große Geistesbewegung zu stoppen, die allerdings deutlich älter ist als angegeben und sich nicht dem Abendland, sondern dem Morgenland verdankt. Die Neuzeit mit der Entdeckung der Welt und des Menschen setzte sich trotz der Re-Naissance durch. Es ging der Re-Naissance nicht um das klassische griechische Altertum mit seiner kulturellen Blüte, sondern um das römische Imperium mit seiner politischen Macht. Die Neuzeit verdankte sich dem Rückbezug auf die griechische Antike, die von den Re-Naissance-Verfechtern wie Petrarca und der katholischen Kirche vehement bekämpft wurde. Die Verbreitung der Philosophie von Aristoteles durch arabische Philosophen in Spanien stand im Mittelpunkt dieser Auseinandersetzung. Der Versuch, diese aufrührerischen Gedanken zu entschärfen, führte zu einer neuen Lehre, die sich Scholastik nannte.

SCHOLASTIK
Scholastik (zur Schule gehörig) ist eine mittelalterliche Methode der Beweisführung, die sich auf Aristoteles bezieht. Sie geht so vor, dass sie wissenschaftliche Fragen mit Hilfe von theoretischen Erwägungen klärt. Dabei wird eine Behauptung untersucht, indem die für und die

gegen sie sprechenden Argumente dargelegt werden und dann eine Entscheidung über ihre Richtigkeit getroffen und begründet wird. Behauptungen werden widerlegt, indem sie entweder als unlogisch hingestellt oder als Ergebnis einer begrifflichen Unklarheit erwiesen werden. Oder es wird gezeigt, dass sie mit evidenten oder bereits bewiesenen Tatsachen unvereinbar sind. Diese Methode wurde in allen Disziplinen angewendet. Eine der berühmtesten Debatten war die Kontroverse von Valladolid, in der bewiesen wurde, dass Indianer keine gleichberechtigten Menschen sind und deshalb unterworfen und zum christlichen Glauben bekehrt werden müssen.

Schauen wir zum Vergleich in das aktuellste Lexikon: Wikipedia. Dort lasen wir am 31.1.2011: "Der Begriff Renaissance, frz. 'Wiedergeburt', wurde im 19. Jahrhundert geprägt, um das kulturelle Aufleben der griechischen und römischen Antike im Europa des 14. bis 17. Jahrhunderts zu kennzeichnen. Wissenschaft, Kunst und Gesellschaft zeigen seitdem eine Entwicklung des Menschen zu individueller Freiheit im Gegensatz zum Ständewesen des Mittelalters. Im engeren Sinne ist die Renaissance auch eine kunstgeschichtliche Epoche. Allgemein wird das Wort Renaissance auch verwendet, um die Wiedergeburt z. B. von Architektur, Kunst, Moden oder von ethischen und geistigen Werten vergangener Zeiten zu bezeichnen."

Ähnlicher Unverstand wie in der vorigen Definition, aber mit einigen Varianten: Der Begriff wurde in Wirklichkeit vor sieben Jahrhunderten geprägt und nicht im 19. Jahrhundert. Die beabsichtigte Wiedergeburt römischer Größe scheiterte jedoch. Stattdessen setzten sich die griechische und die arabische Kultur (in ihrer spanischen Vermischung) durch, so dass das kulturelle Aufleben nicht verhindert werden konnte.

Der Begriff Renaissance bezeichnet zwar den Beginn einer Neuzeit, aber seine ursprüngliche Absicht war re-aktionär (rückwärtsgewandt). Er verschleiert eine Geschichtsklitterung, denn die Re-Naissance war nach Absicht ihrer Initiatoren ausschließlich auf eine untergegangene Zeit bezogen und versuchte, die neue Zeit zu bekämpfen, die durch die Ausstrahlung der islamischen Kultur angebrochen war. Als der Abwehrkampf verloren war, hat die römische Kirche sich der Bewegung bemächtigt. Päpste haben sich die Renaissance auf ihre Fahnen geschrieben und zu transformieren versucht, was sie nicht verhindern konnten. Als Renaissance-Päpste haben sie sich der Zeit angepasst. So haben sie die Bewegung für sich usurpiert und zu neuer Macht gefunden.

Die Renaissance als Beginn der Neuzeit ist die verkehrte Darstellung in der Version des Siegers, das Gründungsepos des modernen Europa, historisch zweifelhaft, ideologisch verschleiert, politisch nur allzu wirksam.

'Re-Naissance', das ist wortwörtlich die Wieder-Geburt einer alten und nicht der Beginn einer neuen Zeit, ist der verzweifelte Kampf einer untergehenden mittelalterlichen Zivilisation der religiösen Finsternis in Europa gegen eine neue Kultur, die sich seit dem achten Jahrhundert nach Christus von ihrem äußersten spanischen Rand nicht unangefochten, aber unaufhaltsam über ganz Europa ausbreitete.

Re-Naissance, das war die Kampfansage des italienischen Dichters und Politikers Petrarca vor 700 Jahren, drei Jahrhunderte vor den Renaissance-Päpsten. Petrarca hat in Montpellier studiert und die meiste Zeit seines Lebens in Avignon und Umgebung (Fontaine de Vaucluse) verbracht. Er brach das Jurastudium ab und wurde katholischer Priester. In Italien herrschte Bürgerkrieg, und der französische König hatte erreicht, dass der römische Hofstaat des Papstes in die Provence umzog, die damals eine Einheit mit dem Königreich Neapel bildete. Das Exil der Päpste in Avignon, wo sie fast das ganze 14. Jahrhundert verbrachten, war dem Dichter ein Dorn im Auge. Das Schicksal der Päpste war mit dem seiner Familie verbunden, denn schon sein katholischer Vater war auf Seiten der Päpste und nach Frankreich ins Exil geflüchtet. Petrarca war ein Günstling des italienischen Papstes Clemens VI., der ihn auch zu seinem Botschafter ernannte. Petrarca war damals einer der ersten, die nicht nur die Entmachtung Roms kritisierten, sondern zur ideologischen Abwehr aufriefen. Er forderte als Politiker, die Antike wiederzubeleben, um die alte Größe Roms wieder herzustellen. Daher unterstützte er mit Begeisterung den Staatsstreich des Cola di Rienzo 1347 in Rom. Rienzo war von der römischen Antike fasziniert und ein glänzender Redner, womit er das Ideal seiner politischen Fraktion verkörperte, in welcher der römische Redner Cicero als einer der größten Politiker und Literaten aller Zeiten galt. Rienzo war die führende Persönlichkeit einer adelsfeindlichen Strömung, die einen italienischen Staat mit Rom als Mittelpunkt erstrebte. Die politischen Träume und Utopien Rienzos scheiterten an realen Machtverhältnissen und mangelndem Realitätssinn.

Rom musste bis zur Mitte des 15. Jahrhunderts warten. Erst unter Nikolaus V. (1447-1455) öffneten sich die Päpste ein wenig, ohne dass Rom jedoch die Bedeutung von Florenz erreichen konnte. Erst dann zeigten sich dort neuzeitliche Tendenzen, die sich aber nicht dem Einfluss Petrarcas verdankten und auch nicht der Rückkehr der Päpste aus Avignon Ende des 14. Jahrhunderts.

Die große Zeit der Päpste nach dem demütigenden Exil begann erst im 16. Jahrhundert mit dem Niedergang von Venedig. Es kamen Päpste auf den Thron, die sich als Fürsten verstanden, keine Geistlichen waren, sich eine Leibgarde zulegten, Mörder dingten und Kinder bekamen.

PETRARCA

Franceso Petrarca (1307-1374) gilt als einer der größten Dichter Italiens und der Provence. Er wurde in Rom mit dem Lorbeerkranz geehrt.

Petrarcas Gedichtzyklus Canzoniere, der überwiegend aus Sonetten besteht, in denen er seine reine, ausdauernde Liebe zu Laura besingt, der 'madonna angelicata', war angeblich eine Antwort auf die Lyrik im okzitanischen Sprachraum, der er seine neue Renaissance-Lyrik entgegen setzte. Es war eines der wenigen seiner Werke, das er nicht auf Latein verfasste, sondern in der toskanischen Variante des Okzitanischen, obwohl er das klassische Latein propagierte und das 'vulgäre' Latein ablehnte. Vermutlich wollte er viele Leser haben und wählte deshalb die gebräuchlichste Schriftsprache. Damals war die Hochsprache Südeuropas weder das Französische, noch das Lateinische, sondern das Okzitanische.

Okzitanien bezeichnet die südfranzösische Mittelmeerregion von den Alpen zu den Pyrenäen, die unter römischer Herrschaft Provincia Narbonensis hieß. Daraus entwickelte sich die Bezeichnung Provence für einen Teil dieses Gebietes, der aber sprachlich und kulturell eine ähnliche Geschichte wie die gesamte Region hatte.

Inhaltlich ist sein Canzoniere nur auf der Grundlage des arabischen Einflusses zu verstehen, der diese Lyrikgattung nach Europa brachte. Petrarcas Canzoniere wird in einem Atemzug mit Romeo und Julia genannt, wenn man von seinem Einfluss auf die abendländische Dichtung spricht. Aber auch der Stoff von Romeo und Julia ist eine arabische Dichtung, die über das islamische Spanien nach Europa kam. Petrarca gilt als Begründer des Humanismus um die Mitte des 14. Jahrhunderts. Er polemisierte gegen das scholastische Bildungswesen seiner Zeit, das nun nachträglich als mittelalterlich bezeichnet wird.

Diese Sichtweise ist ebenso anachronistisch wie die Bezeichnung seiner Position als humanistisch. Das Wort wurde erst 1808 von dem Philosophen Niethammer eingeführt. Humanismus bezeichnete bei ihm die pädagogische Grundhaltung, die Bildung als Selbstzweck (unabhängig von Nützlichkeitserwägungen) anstrebt. Georg Voigt machte daraus in seinem 1859 erschienenen Werk 'Die Wiederbelebung des klassischen Altertums oder das erste Jahrhundert des Humanismus' den Begriff der historischen Epoche vom Übergang des Mittelalters in die Neuzeit.

Die Scholastik war somit der Versuch der Kirche, Elemente der Neuen Zeit aufzugreifen und integrierbar zu machen.

Petrarca war ein rückwärtsgewandter Kirchenmann, der eine alte Ordnung proklamierte: Die altrömische Staats- und Gesellschaftsordnung. Er lehnte die Philosophie von Aristoteles vehement ab, die von arabischen Interpreten (insbesondere Averroës) in Europa verbreitet wurde und die Kirche in Bedrängnis brachte. Deren Reaktion war die Entwicklung der Scholastik, um die neuen Ideen unschädlich zu machen. Petrarca war klar gegen einen solchen Kompromiss. Er kritisierte die spekulative Metaphysik und Theologie und die als sinnlos empfundenen logischen Spitzfindigkeiten, mit denen die Scholastik sich vor Averroës zu retten suchte; dadurch machte er die Philosophie zu einer Tugendlehre. Cicero war sein großes Vorbild. Petrarca kämpfte für die Antike mit dem klassischen Latein und gegen Medizin und Jurisprudenz, die sich dank der arabischen Kultur entwickelten. Griechisch konnte er kaum. Er geißelte die neuen Entwicklungen und sah den Untergang voraus, wenn es keine Rückkehr zum alten christlichen Glauben gäbe, wie er von Thomas von Aquin gelebt wurde.

Petrarca als Lyriker wurde durch die Araber herausgefordert. Besonders stark war der arabisch-andalusische Einfluss auf die gesungene Lyrik, die von Spanien nach Okzitanien vordrang. Die spanischen Wörter für Laute, Zimbel, Trommel, Hornpfeife, Trompete oder Gitarre stammen alle aus dem Arabischen. Unter Alphons dem Weisen in Toledo spielten und tanzten arabische und christliche Musikanten gemeinsam. Die arabische Lyrik transportierte ein neues Frauenbild nach Europa, mit dem die Frau als Herrin gepriesen wurde. Sexualität war nicht mit Verderbnis gepaart, auch Eva nicht mit Sünde. Christus hatte zwar noch ein gleichberechtigtes Verständnis von Mann und Frau, doch im Christentum setzten sich in seiner Nachfolge die machistischen Positionen der Kirchenväter durch. Sie haben sich in der katholischen Kirche bis auf den heutigen Tag sowohl in bezug auf die Unterdrückung der Sexualität als auch auf die Missachtung der Frauen nicht wesentlich verändert.

Das verdanken wir zum Teil schon dem Engagement von Petrarca, der die arabische Lyrik entsexualisierte und aus der Bewunderung konkreter Frauen das Loblied der edlen Frau machte, deren Modell die einzig sündenfreie Jungfrau Maria ist. Damit diese andalusische Lyrik sich verbreiten konnte, gab es in Cordoba und später auch in Sevilla eine Musikschule mit Fachlehrern, die Singsklavinnen ausbildeten. Einerseits blieben sie dem Mann unterworfen. Andererseits gerieten sie durch ihre Situation an fremde Höfe, wo sie ihre Liedkultur weitergaben. Natürlich gab es auch freie Dichterinnen und Musikerinnen, die berühmt wurden, doch diese ausgebildeten Singsklavinnen hatten einen anderen Wirkungskreis. Sie waren für ihre Besitzer ein einträgliches Geschäft, denn sie wurden teuer gehandelt. Ihr Repertoire umfasste Hunderte von Liedern. Die arabische Liebestheorie und -philosophie findet sich in der Trobadorlyrik wieder. Der Vater des ersten Trobadors auf provenzalischem Boden, Guillaume VIII., war zu einem christlichen Eroberungszug mit päpstlichem Segen gegen Saragossa aufgebrochen und eroberte dort 1064 die Festungsstadt Barbastro, um wenigstens den Norden Spaniens in der Nähe des Wallfahrtsortes Santiago de Campostella von den Mohammedanern zu befreien. Wassermangel führte zur Aufgabe, man versprach den Mauren freies Geleit, doch dann begann das große Schlachten. Allerdings ließ man vermutlich über tausend Singsklavinnen am Leben und nahm sie mit an die heimischen Höfe in Okzitanien, der Normandie und Frankreich . Es ist davon auszugehen, dass Guillaume VIII. sich auch aus dem Beuteschatz bediente, denn sein Sohn wurde zum ersten Trobador Aquitaniens.

'Trobadors' sind Musiker und Dichter in der Literatursprache Südfrankreichs, dem Okzitanischen, in der auch galizische, katalanische, gaskognische und italienische Dichter Lieder verfassten. Genau betrachtet gab es damals zwei Varianten, die sich vom Französischen unterschieden, das im Norden gesprochen wurde. Dort sagte man für 'ja' 'oïl' und nannte die Sprache 'langue d'oïl'. Im Süden Frankreichs jedoch, entlang dem Mittelmeer insbesondere, sagte man 'oc' und nannte sie die 'langue d'oc', während bis in die Toscana die 'langue si' gesprochen wurde, weil 'ja' dort 'si' heißt. Der berühmte Dichter Dante Alighieri (1265-1321) hat viele seiner Werke in dieser italienischen Volkssprache geschrieben, was sicherlich zum Erfolg der 'Göttlichen Komödie' beigetragen hat.

TROBADORS

Erster Trobador war Guillaume IX. von Aquitanien (1071-1126). Es gibt die Liebes-Kanzone (canson), die Königsgattung der Trobadors, der fast die Hälfte der erhaltenen Lieder zugeordnet werden können. Inhaltlich ist sie dem Themenkreis der 'Edlen Liebe' (fin amors) verpflichtet und damit Ausdruck der dienenden Verehrung für eine hochstehende und als unerreichbar beklagte, oft als verheiratet erkennbare Dame, die als Herrin angesprochen, in ihrer Identität verschleiert und nur mit einem Decknamen bezeichnet wird. Die Pastorela (Hirtengedicht) erzählt in der Ich-Form von einer jüngst vergangenen Begebenheit in einer frühlingshaft-ländlichen Szenerie, der Begegnung des Ritters mit einer Viehhirtin, seinem Versuch, sie mit Argumenten, Geschenken oder auch Gewalt zum Beischlaf zu bewegen, ihren Einwänden, in denen die Umworbene sich trotz ihres niederen Standes manchmal als geistig und moralisch überlegen erweist, dann der Befriedigung seines Wunsches oder auch der

Vertreibung des Ritters durch herbeieilende andere Hirten. Eine Alba (Taglied) besingt die Situation der Liebenden auf dem (ehebrecherischen) Beilager beim Morgengrauen, mit der Furcht vor Aufpassern, Neidern und dem eifersüchtigen Ehemann, der Freude über den genossenen Liebesakt und der Klage über den durch den Tagesanbruch (Wächterruf, Vogelsang, Morgenlicht) erzwungenen Abschied. Die Sirventes sind Schelt-Lieder moralischen oder politisch satirischen Inhalts, der sich allgemein gegen die 'Toren' und 'Böswilligen' und in der Liebesthematik speziell gegen die Gegner des 'fin amors' richtet, aber auch tagespolitische und militärische Themen anspricht.

Diese neue Dichtung der Trobadors hatte im christlichen Europa keine Vorfahren – weder formal, noch inhaltlich. Sie war das hohe Lied der Liebe, der Lust und der geliebten Frau. Im Zentrum stand die gesellschaftliche Anerkennung der Frau, auch wenn die Realität im islamischen Bereich in vielen Gegenden anders aussah. Weder war die Sklaverei abgeschafft, noch die Frau gleichberechtigt geworden. Aber durch die Verehrung der Frau und der sexuellen Liebe in Spanien wurde der patriarchalische Machtapparat (nicht nur des Papstes) in Frage gestellt.

Dante dichtete in der Folge der Trobadors und scheute sich auch nicht, obszöne Verse zu reimen, doch ist seine verklärende und unerfüllte Liebe zu Beatrice am nachhaltigsten geblieben. Sie entspricht der 'Edlen Liebe' der Trobadors. Bei der ersten Begegnung soll Beatrice 9 Jahre alt gewesen sein, aber vermutlich hat sie nur das Stichwort zu einer Canzone geliefert und ist ebenso dichterische Erfindung wie Petrarcas 'Laura'. Dante hatte einen anderen politischen Standpunkt als Petrarca, auch wenn sie sich von der Stoffwahl her ähneln mögen. Dante war auf Seiten der Welfen und wollte, dass sich die Päpste auf die geistliche Herrschaft beschränkten, während Petrarca als Papstfreund für ihre weltliche Macht eintrat. Allerdings trafen sie sich im Rückgriff auf das mächtige Römische Reich der Antike: In seinem philosophische Hauptwerk über die Monarchie begründete Dante die göttliche Bestimmung des römischen Kaisertums zur Weltherrschaft.

Petrarca transformierte die Liebesdichtung der Trobadors in religiöse Anbetung, die somit die Bezwingung der körperlichen Gefühle durch religiöse Inbrunst propagierte. Er griff sie auf, um sie zu entschärfen. Zugleich bediente er sich dabei des Marienkultes, der selbst wieder ein Zugeständnis der katholischen Kirche an die kultischen Praktiken der Menschen darstellte, denn die christliche Religion ist so stark eine patriarchale Erfindung, dass die Zustimmung zu dieser Religion ohne weibliche Komponenten schwer zu erlangen war. Im Zuge der Durchsetzung des Christentums wurden mit dem Mittel des Heiligenkultes immer mehr weibliche Heilige, 'heidnische' Feste und Gottheiten zugelassen, um Zustimmung im Volk zu erhalten, die schwer zu erreichen war.

In der Nachfolge von Petrarca verwandelte sich die okzitanische Trobadordichtung in (nord-)französische Troubadourlyrik, die kaum noch die Frau und die Liebe in all ihren Ausprägungen pries, sondern in Form der 'Hohen Minne' die platonische und unerfüllbare Anbetung einer entsexualisierten Edelfrau in den Vordergrund stellte. In dieser katholischen Variante der neuen Dichtung erreichte die Troubadourlyrik auch den deutschen Sprachraum und ging als Minnesang in die Geschichte ein. Die Usurpation und Transformation des Neuen machte den Minnesang auch für deutsch-nationale Musiker wie Richard Wagner attraktiv. Vieles, was neu an der Trobadordichtung war, wurde entfernt und in die traditionelle Heiligenverehrung zurückverwandelt.

Es gab darunter auch in Deutschland das Gift des 'niederen' Minnesangs, wie eine umfangreiche Sammlung aus dem 14. Jahrhundert zeigt.

MINNESANG

Inhalt der Hohen Minne ist ein Klage- oder Werbelied des Mannes an eine unerreichbare Frau oder Angebetete. Sie wird auch Frauen- oder Minnepreislied genannt. Im Frauenlied nimmt die angebetete Frau den Minnedienst an und trauert, dass sie den Mann nicht erhören kann. Im Wechsellied sprechen beide nebeneinander. Das Gesprächslied ist ein fiktiver Dialog zwischen den Minnepartnern.

Das Taglied ist an der Grenze zur Niederen Minne. In ihm wird der unvermeidliche Abschied zweier Liebender bei Tagesanbruch nach einer gemeinsam verbrachten Nacht besungen (Romeo und Julia-Motiv). In einem Hirtenlied (Pastourelle) wird die Begegnung eines Ritters oder Kirchenmannes mit einem einfachen Mädchen im Freien beschrieben, das sich seinem Verführungsversuch widersetzt. Ein weiteres Beispiel für die niedere oder erreichbare Minne ist das Mädchenlied. Das Kreuzlied stellt den Dienst an der Frau dem Dienst an Gott gegenüber. Naturlieder (Mai-, Sommer- und Winterlied) werden gern vor einem Minnelied gesungen.

Der Codex Manesse ist die größte Sammlung des deutschen Minnesangs. Zwar entstand sie erst im 14. Jahrhundert, aber die Texte reichen bis etwa 1160 zurück. Zu den 140 Dichtern gehörte auch Walther von der Vogelweide. Ähnlich wie im Nibelungenlied wurde seit der Romantik im Minnesang eine ausdrücklich 'deutsche Kulturleistung' gesehen, ja sogar ein Vorbild für 'völkische Identität'.

Tatsächlich aber war es nur der Einfluss aus dem Süden Europas. Wesentlich waren die beiden Stauferkaiser Heinrich VI. und sein Sohn

Friedrich II. an der Vermittlung beteiligt. Heinrich VI. trat selbst als Minnesänger auf, Friedrich II., der Sohn Apuliens, lebte überwiegend auf Sizilien und in Apulien und dichtete italienisch.

Der französische König Philipp IV., der Schöne, hatte 1309 durchgesetzt, dass ein französischer Priester zum Papst gewählt wurde und in Frankreich residierte. Fast ein Jahrhundert war Avignon die Hauptstadt der römisch-katholischen Christenheit, bis die Italiener wieder erstarkt waren und im Konzil zu Konstanz (1412-1417) diese Episode endgültig beendeten. Aber eine Zeitlang drohte ein neues Schisma, die römische Kirchenmacht endgültig zu zersplittern, nachdem Byzanz schon einige Jahrhunderte zuvor vom rechten Glauben abgefallen war. Die Italiener waren aus dem eigenen Land vertrieben und mussten sich in der Kirche den Franzosen unterordnen. Das katholische Rom war zum damaligen Zeitpunkt auf dem Tiefpunkt seiner Geschichte angelangt. Philipp der Schöne etablierte Frankreich als Großmacht in Europa und errichtete ein absolutistisches Staatswesen, welches eine für Frankreich noch nicht gekannte Machtentfaltung ermöglichte. Er erzwang die Umsiedlung des Papsttums nach Avignon, zerschlug den Orden der Templer und verwies 100 Tausend Juden des Landes, um ihr Vermögen zu konfiszieren.

TEMPLERORDEN

Dieser Orden unterstand unmittelbar dem Papst. Im Zusammenhang mit dem Ersten Kreuzzug entstand er als militärische Eliteeinheit zur 'Eroberung des Tempels' in Jerusalem. Es war der erste Ritterorden, der die Ideale des Adels mit denen des Mönches verband. Der Adlige erwarb Besitz durch Raub, der Mönch durch Bekehrung. Der Tempelritter bekehrte diejenigen, die er nicht umgebracht hatte. Seine Sonderstellung unter dem Papst verschaffte ihm Sonderrechte. Binnen eines Jahrhunderts wurde der Orden zu einem eigenen machtvollen Staat mit enormen Reichtümern. So war er dem französischen König ein Dorn im Auge, denn er schützte den Papst. Er weckte auch des Königs Begehrlichkeit, denn er war reich. In einer blutigen Nacht- und Nebelaktion ließ Philipp 1307 die führenden Templer verhaften und umbringen, der Papst wurde gezwungen, den Orden aufzulösen, dessen Großmeister 1314 auf dem Scheiterhaufen verbrannte. Sein dreifacher Fluch aus den Flammen ging jedoch in Erfüllung, denn Philipp sollte ihn nicht lange überleben. Der König starb noch im selben Jahr, genau wie sein Kanzler und auch der Papst, der die Templerverurteilung möglich gemacht hatte.

Petrarca forderte, dass Rom seine alte Größe wiedergewinnen müsste, und meinte damit die Rückkehr der katholischen Kirche in das Stammland. Die Hoffnung auf die Rückeroberung Jerusalems war bei Petrarcas

Geburt schon ausgeträumt. Sieben europäische Kreuzzüge gegen die Moslems hatten Tod und Verwüstung gebracht, aber nicht die gewünschte Expansion. Trotzdem führte die Erstarkung der italienischen Stadtrepubliken bei gleichzeitiger Schwächung Frankreichs zur Rückkehr der Päpste nach Rom. Frankreich litt unter ständigen Machtwechseln, Pestepidemien und Hungersnöten und begab sich in kriegerische Auseinandersetzungen mit England, die einhundert Jahre dauern sollten. Eine Zeitlang war der Kampf um die Oberherrschaft in der katholischen Kirche unentschieden, es kam 1378 zum Schisma, der Spaltung zwischen Rom und Avignon.

Die Italiener setzten einen italienischen Papst durch, der 1377 nach Rom zog, aber die Franzosen erkannten ihn nicht an und wählten einen eigenen Kandidaten, der weiter in Avignon residierte, das sich die Päpste gekauft und ausgebaut hatten. Ein Konzil in Pisa 1409 setzte beide Päpste ab und wählte einen dritten, der jedoch nur von wenigen anerkannt wurde, so dass bis zum Konzil von Konstanz drei Päpste herrschten. 1417 endlich hörte dieses Schisma auf, auch wenn der eine unterlegene Papst noch eine Weile weitermachte, weil er die Spanier hinter sich wusste. Diese Spaltung im Abendland selbst drückte natürlich die Zersplitterung der Macht aus.

Petrarca bekämpfte Aristoteles, weil er die Grundlage der islamischen Philosophie seiner Zeit war, die dank Avicenna und Averroës zu einer neuen Blüte kam und an den europäischen Universitäten Aufsehen erregte. Ibn Ruschd, so ist der arabische Name von Averroës, war einer der wichtigsten Philosophen des Mittelalters spanisch-arabischer Herkunft. Er verfasste eine medizinische Enzyklopädie und fast zu jedem Werk des Aristoteles einen Kommentar. Für die christliche Lehre des Mittelalters war er die größte Herausforderung, weil er das Glaubensgebäude in Frage stellte. Er wurde als der 'Kommentator' bezeichnet, so wie Aristoteles nur der 'Philosoph' genannt wurde.

AVERROËS

1126 in Cordoba geboren, studierte Averroës (Ibn Ruschd mit seinem arabischen Namen) Recht, Medizin und Philosophie. Er war Richter in Cordoba und Sevilla, Hofarzt der berberischen Dynastie der Almohaden von Marokko und Leibarzt des Kalifen. 1153 bekam er den Auftrag, alle Werke des Aristoteles zu ordnen und zu kommentieren, um dem Islam 'rein und vollständig' die Wissenschaft zu geben. Averroës' Aufforderung an die Menschen, ihre Vernunft zu gebrauchen, brachte ihn in Konflikt mit der islamischen Orthodoxie, er wurde nach Nordafrika verbannt, wo er am 10.12.1198 in der Residenz Marokko verstarb.

Für Averroës war Aristoteles der vollkommenste Mensch, der im Besitz der unfehlbaren Wahrheit gewesen sei, die sich den Menschen aber nur einmal gezeigt habe. Er sei die inkarnierte Vernunft, die einzige Möglichkeit des Menschen, glücklich zu werden. Averroës' eigene Philosophie baute sehr viel auf Logik auf. Sie begann mit der Frage, ob man philosophieren dürfe. In Koran-Versen wie 'Denkt nach, die ihr Einsicht habt' fand Averroës nicht nur die Aufforderung an die Muslime, über ihren Glauben nachzudenken, sondern auch, die bestmögliche Beweislage für ihr Denken zu finden, und diese sah er eindeutig bei den Philosophen und insbesondere in der aristotelischen Beweisführung gegeben.

Averroës teilte den Koran und seine Auslegung in evidente Verse, die direkt und für jedermann verständlich seien, klare Verse, die von Personen mit starkem Intellekt interpretiert werden könnten, und Verse, bei denen nicht klar sei, ob sie wörtlich zu verstehen seien und daher unterschiedliche Interpretationen von Gelehrten zuließen. Averroës kritisierte alle, die Philosophie mit Theologie verbinden wollten. Er grenzte die Philosophie von der Theologie ab. Seine Philosophie betonte, dass Gottes Wissen anders sei und die Menschen also gar nicht wissen könnten, was Gott alles weiß. Ihr Wissen entsteht Schritt für Schritt, während Gottes Wissen von Ewigkeit her alle Dinge umfasst und daher eine Voraussetzung dafür ist, dass die Einzeldinge nacheinander entstehen. Seine Philosophie akzeptierte den Koran, aber der sagte nirgends, dass die Welt aus dem Nichts geschaffen und in der Zeit entstanden sei. Averroës bestritt die Auferstehung nicht, nur dürfte niemand aufgrund 'anderer' Interpretation des Unglaubens bezichtigt werden.

Die Vertreibung von Averroës könnte als das gewaltsame Ende der Aufklärung im arabischen Raum betrachtet werden, aber diese Strömung besteht bis zum heutigen Tag. Die europäische Aufklärung im christlichen Machtbereich hatte erst 600 Jahre nach Averroës ihre Blütezeit. Im 12. Jahrhundert war die griechische Philosophie und Wissenschaft im römisch-katholischen Europa weitgehend verdrängt. Der Glaube war an ihre Stelle getreten. Die Auseinandersetzung um das Verhältnis Vernunft und Offenbarung war einseitig aufgelöst worden, gegen die Vernunft.

Anders jedoch war die Entwicklung im arabischen Machtbereich gewesen. Dort wurde um die Begründung des Glaubens gerungen. Im 9. Jahrhundert verstärkte sich das Interesse der islamischen Philosophie an den antiken Klassikern noch. Während bis dahin Platons Gedankengut den größten Einfluss hatte, begann man sich auch für die anderen Klassiker, insbesondere Aristoteles, zu interessieren. Zwischen 813 und 861 förderten die Kalifen in Bagdad umfangreiche Übersetzungsvorhaben aus dem Griechischen ins Syrische und von dort ins Arabische. Die Übersetzer waren meist syrische Christen. Es setzte sich eine Synthese aus platonischem und aristotelischem Denken durch: Der erkennende Geist beginnt bei den materiellen Dingen und steigt über die geistigen Kräfte aufwärts bis zur erlösenden Gotteserkenntnis.

AVICENNA

Ibn Sinna (980 – 1037), den wir unter seinem europäischen Namen Avicenna kennen, war der Endpunkt dieser Denkrichtung, welche die Vernunft aus dem Glauben erklärte. Er knüpfte in seiner Art zu Denken und zu argumentieren an die Logik von Aristoteles an. Avicenna entwickelte eine Art Existenzphilosophie und unterschied zwischen Wesen und Existenz: Im normalen Leben, das er zufällig oder kontingent nannte, unterscheidet sich die Existenz von ihrem Wesen, der Essenz. Aber im göttlichen Sein, das er absolut oder notwendig nannte, sind Existenz und Wesen dasselbe. Dem absoluten Sein verdankt das Leben, das es möglich ist. Weil Gott erkennt, dass er absolut ist, kommt die Erkenntnis durch Gott in die Welt. Nur die Seele hat Anteil am Göttlichen.

Avicenna war dann der entscheidende Philosoph, der eine Synthese von Philosophie und Theologie erarbeitete und einen neuplatonischen Aristotelismus entwickelte, der den 'gefährlichen' Einfluss der griechischen Philosophie vorübergehend bremste. Um Averroës zu verhindern, wird die Scholastik später Avicenna aufgreifen, aber behaupten, sie würde Aristoteles zum Fundament haben.

Avicenna und Averroës lebten beide im islamischen Spanien und hatten ungeheuren Einfluss auf die wissenschaftliche und kirchliche Diskussion, denn der Graben zwischen Vernunft und Offenbarung, zwischen rationaler Erkenntnis und Religion, zwischen Philosophie und Theologie, verläuft genau zwischen diesen beiden islamischen Denkern. Als die Gefährlichkeit des Denkens von Averroës erkannt und er ins afrikanische Exil getrieben wurde, verbreitete sich sein Denken nichtsdestotrotz in Windeseile in Europa. Im islamischen Bereich gab es erst einmal keine Fortsetzung, im griechisch-orthodoxen Einflussbereich jedoch war Georgios Gemistos ein bedeutsamer Nachfolger in der griechischen Tradition.

GEMISTOS

Gemistos wurde um 1355 in Konstantinopel geboren und starb 1452 in der Nähe von Sparta. Er war auch als Plethon bekannt (der Reichhaltige). In seiner Jugend in Konstantinopel hatte er einen jüdischen Lehrer, der Averroës-Anhänger war. Nach Jahren im osmanischen Reich zog er in die wirtschaftlich und kulturell blühenden Hauptstadt Mystras des byzantinischen Staats auf dem Peloponnes.

Gemistos war Ratgeber der Herrscher und Richter. Er beklagte den Zusammenbruch des byzantinischen Reichs und den Sieg der Muslime nicht, denn er war nicht im christlichen Glauben verwurzelt. Er unterrichtete wie seine klassischen Vorbilder und hatte viele Schüler. Nach seiner Überzeugung waren der christliche wie der islamische Staat eine historische Fehlentwicklung, und die Zukunft gehörte einem an die Antike anknüpfenden griechischen Staat. Die verschiedenen Religionen hätten die Urreligion verfälscht. Ein Polytheismus mit Zeus an der Spitze sollte an die Stelle treten. Philosophisch betrachtete er die Götter als Repräsentanten von Prinzipien wie Einheit (Zeus) und Vielheit (Hera). Wie Platon hielt Gemistos das Weltall für anfangslos und unvergänglich und vertrat die Lehre der Seelenwanderung. Das Dasein der Seele in der Welt sei notwendig und sinnvoll, und es gäbe keine Erlösung.

In seinem auch ins Arabische übersetzten Hauptwerk 'Nomoi' entwickelte er eine Staatsverfassung (in Erweiterung der Ideen Platons in dessen gleichnamigem Werk): Ein monarchisches System, wobei der Herrscher auf philosophische Ratgeber hören soll. Diese dürfen nicht besonders reich sein, da sie sonst ihrer Geldgier folgen, aber auch nicht arm, da sie sonst bestechlich sind. Einteilung des Volks in drei Stände (Bauern, Gewerbetreibende und Beamte/Staatslenker). Keine Wehrpflicht der Steuerpflichtigen und Steuerfreiheit der Soldaten, reine Berufsarmee, Ablehnung des Söldnerwesens. Fester Steuersatz: ein Drittel des landwirtschaftlichen Ertrags. Keine sonstigen Belastungen der Bauern durch Abgaben und Dienstleistungspflichten. Das Mönchtum wird als parasitisch kritisiert, es darf nicht mit Steuergeldern gefördert werden. Abschaffung der Verstümmelungsstrafen, da sie den Bestraften bei der Ausführung nützlicher Tätigkeiten behindern. Betonung der Resozialisierung im Strafrecht, aber Todesstrafe. Sozialbindung des Grundbesitzes, der mit der Verpflichtung zu landwirtschaftlicher Nutzung verbunden sein soll, denn das Land ist gemeinsames Eigentum aller Einwohner. Vernachlässigt ein Grundbesitzer diese Pflicht, so darf jeder dort etwas anbauen. Der Ertrag gehört dann abzüglich der Steuern dem, der ihn erwirtschaftet hat. Mit dieser Forderung zielte Gemistos auf die riesigen, teils brachliegenden kirchlichen Ländereien.

Gemistos kritisierte Averroes, dem er Verfälschung der kommentierten Lehren von Aristoteles vorwarf. Es sei verhängnisvoll, dass Averroes Aristoteles vorgezogen habe. Die Lust habe einen zu hohen Rang, während Platon das Streben nach dem Guten höher bewertet habe. Auch war Gemistos Determinist: Alles, was geschieht, hat eine Ursache und ist notwendig. Demnach wäre auch der Tod vorherbestimmt. Trotzdem befürwortete er den Selbstmord.

Die wichtigen islamischen Philosophen wurden seit dem 12. Jahrhundert

übersetzt. 1235 waren dann auch die Kommentare von Averroës (zu Aristoteles) und Aristoteles selbst ins Lateinische übertragen worden und eroberten die europäischen Universitäten. Die Positionen des Kirchenvaters Augustinus gerieten ins Wanken, so dass man sich bemühte, die Ideen des Aristoteles zu integrieren und gleichzeitig unschädlich zu machen. Auf die Weise entstand die Scholastik. Die neuen Ideen wurden so zurecht gebogen, dass sie mit dem katholischen Glauben in Übereinstimmung kamen.

AUGUSTINUS

Augustinus (354-430) stammte aus Hippo. Diese numidische Stadt am Mittelmeer war ein wichtiger Bischofssitz und 8 Jahre lang sogar Hauptstadt der Vandalen in ihrem nordafrikanischen Reich. Heute heißt sie Annaba und ist eine algerische Stadt. Augustinus war Kirchenlehrer und Philosoph. Allerdings war er als Römer primär Rechtsgelehrter und Politiker, während die griechischen Philosophen klassisch gebildet waren und im eigentlichen Sinne philosophische Fragen erörterten. Augustinus vertrat, dass man durch den Glauben zur Erkenntnis gelangt. So wurde er zum Verteidiger von Kriegen. Augustinus vertrat den gerechten Krieg im Namen des christlichen Glaubens: Der Grund müsste gerecht sein (wie die ungerechte Behandlung von Christen) und die Absicht gut (wie die Propaganda der göttlichen Liebe). Augustinus befürwortete Gewalt als Mittel der Bekehrung, wenn es um innerkirchlichen Streit gegen sogenannte Abweichler oder Häretiker ('Ketzer') ging. Augustinus vertrat die Erbsünde, die durch Adams Sündenfall auf uns gekommen sei und durch körperliche Begierden übertragen werde – und damit dem niedersten Reich der Sinne angehörte. Nur wenige Menschen könnten der Hölle entgehen, wo das Fegefeuer auf sie warte. Erlösung gäbe es nur durch die Gnade Gottes.

Die Freiheit des Menschen befähigte ihn ausschließlich zum Bösen. Der Glaube sei vor der Vernunft, die nicht zur Wahrheit finde, sondern der Bibel und der Kirche bedürfe. Er beschimpfte die Juden und warf ihnen vor, den Tod Jesu verursacht zu haben, was sie zu ewiger Knechtschaft verdammte. Man sollte die Juden trotzdem nicht töten, weil sie das Kainsmal trügen, das heißt Beweisträger der Schuld seien. Augustinus schuf die ersten Priestergemeinschaften, die sich dem Zölibat verpflichten mussten.

So konnte sich später die Inquisition auf Augustinus berufen und der Papst zum Heiligen Krieg aufrufen.

Das Christentum war zu Augustinus' Zeiten schon Staatsreligion, aber er ging noch einen Schritt weiter, indem er der Kirche die Deutungshoheit übergab. Von nun ab entschied die Kirche, wie die Bibel zu interpretieren sei und welche Regeln galten. In der Folge wurde jegliche Bildung zu einer kirchlichen Veranstaltung. Einen anderen Zugang zu Bildung gab es nicht mehr.

In den weiteren Jahrhunderten gab es im Westen keine politische Macht mehr mit Deutungshoheit, so dass der Papst zur zentralen Autorität aufsteigen konnte. In der Westkirche wird Augustinus als Heiliger verehrt, und auch Papst Benedikt XVI. bezieht sich auf ihn, während er in der orthodoxen Ostkirche lange unbekannt war, weil er kein Griechisch konnte und nicht ins Griechische übersetzt wurde (erst 1000 Jahre später).

Entscheidend für die Scholastik und den Bezug auf Augustinus war Thomas von Aquin, der vorgab, eine Synthese aus griechischer Philosophie und christlicher Dogmatik zu leisten, wofür er bis heute gelobt wird. Tatsächlich pickte er sich einzelne Elemente heraus, die sich integrieren ließen, und behauptete ganz zu Unrecht, Aristoteliker zu sein. Aus der Logik übernahm er nur die deduktive Methode von Aristoteles, aber die induktive Methode ließ er nicht zu:

THOMAS VON AQUIN

Thomas (1225-1274) behauptete, dass sich Philosophie und Religion nicht widersprechen, sondern ergänzen, dass also einiges nur durch Glauben und Offenbarung, anderes auch oder nur durch Vernunft erklärt werden kann. Er forderte unbedingten Gehorsam im Glauben. Abtrünnige gehörten stärker bestraft als Betrüger, war seine Auffassung.

Damals musste ein neues Moralrecht installiert werden, denn Raub, Diebstahl und Betrug waren üblich, das Eigentum war noch nicht heilig. Zur Durchsetzung des neuen Rechts mussten die Strafen drakonisch sein, um die 'Missetäter' zu überzeugen. Entsprechend wurden Falschmünzer zum Tode verurteilt. Das Abhacken der Hand eines Diebes ist schon eine vergleichsweise schwache Strafe aus späterer Zeit, wo die meisten Menschen sich an den Gedanken des Privateigentuums gewöhnt haben.

Das Verbrechen der Häresie (Abweichung von der reinen katholischen Lehre, die nur der Papst verkündet) betrachtete Thomas als noch schwerwiegender als Falschmünzerei. Häretiker sollten deshalb zum Tod verurteilt werden. Thomas schuf damit die Grundlage für die Inquisition.

Bei der Deduktion geht man von Prinzipien und allgemeinen Sätzen aus und deutet die Wirklichkeit so, dass sie mit unseren Überzeugungen übereinstimmt. Man leitet aus einem allgemeinen Gesetz Konsequenzen ab. Wenn unsere Beobachtungen damit nicht übereinstimmen, sind sie falsch. Der allgemeine Satz lautet zum Beispiel: Gott hat die Welt geschaffen und als sein Ebenbild den Menschen. Also ist die Erde das Zentrum der Welt und unbeweglich, während alle Planeten sowie die Sonne sich bewegen und um die Erde drehen. Als Galileo Galilei vertrat, dass die Erde sich bewegt und die Sonne im Zentrum steht, stellte ein päpstliches Gutachten fest, dass er sich irren musste, weil er der Heiligen Schrift widersprach. So konnte Galileo Galilei verurteilt werden, weil er leugnete, dass die Erde das Zentrum der Welt sei. Ebenso wurde die Natur als göttlich betrachtet und musste folglich göttlichen Gesetzen gehorchen.

Ausdruck dieser Harmonie war die Mathematik, so dass man überall in der Natur die mathematischen Naturgesetze walten sah. Die Mathematik von Euklid war ein reines Produkt des Geistes, das meinte, in sich ohne Widersprüche zu sein und die Gesetze der Natur aufgespürt zu haben. Natur wurde reduziert auf Prozesse, die vom Menschen beschrieben werden konnten und deshalb menschlichen Gesetzen unterlagen – aber keinen Naturgesetzen.

Bei der Induktion geht man stattdessen von den Beobachtungen in der Wirklichkeit aus und versucht, sie zu verallgemeinern. Im Beschreiben von natürlichen Prozessen wird eigentlich nur noch mit Wahrscheinlichkeiten gearbeitet. Man beobachtet die Wirklichkeit und versucht, sie zu interpretieren, anstatt sie an die vorgegebenen Glaubenssätze anzupassen. Heute wissen wir, dass menschliche Technik auf mathematischen Überlegungen beruht, dass aber Mathematik nicht widerspruchsfrei ist und nur (auf Wahrscheinlichkeitsrechnung) begrenzt zur Beschreibung von natürlichen Prozessen geeignet ist.

Der Endpunkt dieser Einsicht ist die Chaostheorie, die beweist, dass Naturprozesse allenfalls in eng gesteckten Grenzen mathematisch annähernd beschrieben, aber niemals in ihrer Gänze erfasst werden oder gar berechnet werden können. Der menschliche Geist kennt Gesetze, die Natur kennt chaotische Prozesse.

CHAOSTHEORIE
Bei dem Versuch, das Wetter mit dem Computer zu berechnen, stellten Forscher fest, dass schon minimalste Abweichungen auch nur eines Faktors zu gewaltigsten Veränderungen führen können. Faktoren sind Windgeschwindigkeit, Windrichtung, Luftdruck, Temperatur am Boden und in unterschiedlichen Höhen. In der Provence zum Beispiel ändert sich alles, wenn der Wind vom Norden (Mistral) plötzlich nach Süden (Mittelmeer) dreht, das versteht sich, aber auch wenn er nur leicht westlich dreht, weil er dann über die Berge (Tramontane) aus der Richtung des Atlantik kommt und ebenfalls Wasser bringt.

Daraus entstand der Spruch, dass es in Brasilien einen Orkan gibt, wenn in China ein Schmetterling mit den Flügeln schlägt.

Wetter ist ein Naturphänomen, das keinen mathematischen Gesetzen unterliegt. Wetter ist ein chaotischer Prozess, der sich prinzipiell nicht berechnen lässt. Die Chaostheorie versuchte deshalb, Rahmenbedingungen zu bestimmen, innerhalb derer Näherungsberechnungen noch möglich sind. Der Atomunfall 2011 in Japan mit Erdbeben und Tsunami hat gezeigt, wie unbeherrschbar chaotische Prozesse sind, wenn mehrere Faktoren gleichzeitig den Normalbereich verlassen. Ähnlich ist es in der Medizin, wo unberechenbar ist, wie eine Krankheit verläuft, wenn mehrere Medikamente gleichzeitig an verschiedene Personen verabreicht werden.

Dank der Wahrscheinlichkeitsrechnung können Prognosen gewagt werden, die aber nur eine mehr oder weniger große Wahrscheinlichkeit besitzen. Bei stabiler Großwetterlage kann das Wetter für einige wenige Tage vorhergesagt werden, bei instabiler Lage nicht einmal für wenige Stunden. Das bedeutet für Naturprozesse: Gewissheit ist grundsätzlich ausgeschlossen. Das macht das Leben weiterhin interessant, aber auch unsicher. Alle Versuche von Politikern, Gewissheiten zu verbreiten, sind für die Lebenserwartung, die Bevölkerungsentwicklung, die Atomkraft wie für das Wetter von vornherein als zweckbestimmte Prognosen zu begreifen. Die Lagerung von Atommüll zum Beispiel kann mehr oder weniger sicher sein, aber niemals sicher. Das fällt dann schon in den Bereich menschlicher Hybris.

Die Scholastik war eine Form der Reaktion auf neue Erkenntnisse von islamischen Wissenschaftlern, die auf dem griechischen Fundament weitergebaut hatten. Die arabischen Philosophen haben uns das griechische Wissen zurückgebracht und eine Brücke zum hellenistischen Altertum geschlagen. Die christliche Scholastik hat versucht, durch Übernahme einiger Elemente des aristotelischen Denkens diesem Einfluss Einhalt zu gebieten. Der Zusammenstoß mit der katholischen Kirche war unvermeidlich, denn sie stellte den Glauben über die Erkenntnis und beanspruchte, über die Wahrheit zu verfügen.

Die wichtigste europäische Universität befand sich damals in Paris. Seit Beginn des 13. Jahrhunderts drangen die Schriften von Aristoteles dorthin, und immer wieder kam es zu Verboten, bis 1255 das Werk von Aristoteles ohne Einschränkung in das Grundstudium integriert wurde. Die Franziskaner bezogen sich auf Augustinus, ihr Wortführer war Bonaventura, der gegen die gemäßigten Vertreter wie Thomas von Aquin vorging.

Man könnte heute über diesen Streit hinweggehen, denn der Aristotelische Ansatz hat sich wissenschaftlich durchgesetzt, möchte man meinen. Aber die Auseinandersetzung bleibt hochaktuell, denn Professor Ratzinger, Papst Benedikt XVI., hat drei wissenschaftliche Vorbilder: Augustinus, Thomas von Aquin und - Bonaventura. Er hat seine Habilitationsschrift über Bonaventura verfasst. Nicht erst als Papst beeinflusste er die ideologische Ausrichtung der katholischen Kirche maßgeblich und versuchte, der orthodoxen Religion mehr Raum und Geltung zu verschaffen.

BONAVENTURA

Der heilig gesprochene Bonaventura (1221-1274) hat den Franziskanerorden entscheidend geprägt. Er war Mystiker und bezog sich auf Augustinus. Es ging ihm nicht um Wissen und Erkenntnis, sondern um Weisheit und Erleuchtung. Um dahin zu gelangen, müssen wir unsere Sündhaftigkeit einsehen, weltliche Größe in Frage stellen, die Höllenpein als gerechte Strafe begreifen und zu Gott finden, um in der Vereinigung mit ihm Frieden zu finden. Der göttliche Logos ist mit dem Verstand nicht zu erfassen.

Die entscheidende Auseinandersetzung fand am Ende des 13. Jahrhunderts in Paris statt. Auf zwei Synoden wurden die Hauptlehren des Averroismus unter dem Pariser Bischof Etienne Tempier verurteilt, der zugleich Kanzler der Universität von Paris war. 1270 ließ er 13 Irrtümer verbieten und drohte mit Exkommunizierung, doch fuhren einige Lehrer und Studenten fort, sich dem freien Philosophieren hinzugeben. Als der Papst nachfragte, ob an der Pariser Universität Häresien verbreitet würden, schlug Tempier ein zweites Mal zu und verbot 1277 gleich 219 Irrtümer. Gerade einmal 22 Jahre hatte die kleine Freiheit gedauert von der Freigabe zum Verbot des Denkens. Selbst Positionen von Thomas von Aquin wurden verboten; allerdings mussten sie nach seiner Heiligsprechung wieder erlaubt werden. Die Verurteilung der Irrtümer bedeutete für einen Professor, dass er vor das Gericht der Inquisition gestellt wurde, wenn er seine Auffassungen weiter vertrat. Sie hatte zahlreiche Opfer, die ihren Überzeugungen nicht abschwören wollten. Eines der bekanntesten ist Giordano Bruno, wohingegen Galileo Galilei abschwor. Er wurde nicht – wie Bruno – auf dem Scheiterhaufen verbrannt, sondern 1633 unter Hausarrest gestellt und 1992 durch die Päpstliche Akademie der Wissenschaften rehabilitiert.

Diese scheinbar längst vergangene Auseinandersetzung zwischen römisch-katholischem Glauben und griechischer Philosophie, die von islamischen Philosophen nach Europa zurückgebracht wurde, hat wie gesagt große Aktualität, denn Papst Benedikt XVI. hat dort seine ideologischen Wurzeln. In der schon vom Papst genannten Rede, in der er einen byzantinischen Kaiser zitiert, um zu sagen, dass der Moslem ein anderes Verhältnis zur Gewalt habe als der Christ, vertrat der Papst:

"Der entscheidende Satz in dieser Argumentation gegen Bekehrung durch Gewalt lautet: Nicht vernunftgemäß handeln ist dem Wesen Gottes zuwider. Der Herausgeber, Theodore Khoury, kommentiert dazu: Für den Kaiser als einen in griechischer Philosophie aufgewachsenen Byzantiner ist dieser Satz evident. Für die moslemische Lehre hingegen ist Gott absolut transzendent. Sein Wille ist an keine unserer Kategorien gebunden und sei es die der Vernünftigkeit. Khoury zitiert dazu eine Arbeit des bekannten französischen Islamologen R. Arnaldez, der darauf hinweist, dass Ibn Hazm so weit gehe zu erklären, dass Gott auch nicht durch sein eigenes Wort gehalten sei und dass nichts ihn dazu verpflichte, uns die Wahrheit zu offenbaren. Wenn er es wollte, müsse der Mensch auch Götzendienst treiben. An dieser Stelle tut sich ein Scheideweg im Verständnis Gottes und so in der konkreten Verwirklichung von Religion auf, der uns heute ganz unmittelbar herausfordert. Ist es nur griechisch zu glauben, dass vernunftwidrig zu handeln dem Wesen Gottes zuwider ist, oder gilt das immer und in sich selbst? Ich denke, dass an dieser Stelle der tiefe Einklang zwischen dem, was im besten Sinn griechisch ist, und dem auf der Bibel gründenden Gottesglauben sichtbar wird."

Der Papst behauptet also: Seine katholische Religion sei mit der Vernunft gepaart, aber der Islam nicht, der würde sogar mit Gewalt die Menschen zum Glauben zwingen. Er zitiert dafür seinen Erzfeind und christlichen Konkurrenten, den griechisch-orthodoxen Kaiser aus Byzanz. Der war in griechischer Philosophie aufgewachsen und akzeptierte die Vernunft, die aber von den Lateinern bekämpft wurde. Der Papst zitiert den Kaiser, um sich mit fremden Federn zu schmücken und zu behaupten, seine römische Religion habe Vernunft und Glaube verschmolzen. Diese Verschmelzung hat in Wirklichkeit der Moslem Averroës am weitesten getrieben und ist dafür von den katholischen Christen (und auch von fundamentalistischen Moslems aus nordafrikanischen Berberstämmen) abgelehnt worden. Papst Benedikt XVI. kann mit Hilfe der Geschichtsklitterung seine Religion in das Jahrhundert der Aufklärung retten und ihr einen fortschrittlichen Anstrich geben. Er stellt sich in die Tradition von Byzantinern, die Elemente griechischer Philosophie übernommen haben, um so zu tun, als ob seine römische Kirche auf Seiten der Vernunft war und bis heute sei. Tatsächlich war und ist der Abwehrkampf gegen die Vernunft eine seiner Hauptbeschäftigungen und hat eine lange Tradition in der römisch-katholischen Kirche.

DAS CHRISTLICHE KÖNIGREICH TOLEDO

Toledo liegt 65 km südlich von Madrid in Kastilien-La Mancha am Fluss Tajo. 711 hatten die Mauren das westgotische Königreich Toledo eingenommen. Sie beendeten die Eroberung der iberischen Halbinsel im Nordwesten noch vor Erreichen der Pyrenäen, so dass Asturien als christlicher Staat nördlich von ihrem Reich weiterhin bestand. Unstimmigkeiten unter den Muslimen führten zur Schwächung und Entstehung von weiteren christlichen Staaten, die langsam gen Süden vordrangen und 1085 die Stadt Toledo erobern konnten. Anführer war Alfonso VI. Dies war für die Muslime eine einschneidende militärische Niederlage, aber der Beginn ihres kulturellen Einzugs ins christliche Europa. In Andalusien war seit dem 9. Jahrhundert Arabisch – auch unter den Christen – die universelle Sprache. In der maurischen Zeit war Toledo eine Stadt mit einer sehr bedeutenden christlichen Minderheit, den sogenannten Mozarabern.

Als 1085 die Christen Toledo eroberten, blieb die Kultur arabisch. Muslime und Juden durften ihre Religion behalten und in bestimmten Grenzen sich selbst verwalten. Es begann eine liberale Epoche, in der die drei Religionen unter christlicher Herrschaft friedlich zusammenlebten.

ALFONSO VI.

Alfonso VI. (1040-1109) war König von Leon und später auch von Kastilien. Er war ins muslimische Toledo vor der Verfolgung durch seinen Bruder geflüchtet, bevor er es 1085 den Mauren entreißen konnte. Eine seiner Ehefrauen stammte aus Aquitanien, eine andere aus Burgund, eine dritte war Tochter eines Maurenkönigs. Er war darin keine Ausnahme, denn die Könige von Kastilien und Aragon nahmen sich gern arabische Frauen.

Die christlichen Herren ließen sich von muslimischen Handwerkern Paläste und Kirchen im andalusischen Stil bauen. Es entstand die sogenannte Mudéjar-Kunst. Sie blieb über mehrere Jahrhunderte attraktiv. Der kastilische König Pedro I. (1334-1369) ließ in Sevilla einen Palast ganz im maurischen Stil errichten – von Baumeistern aus Granada. Der Alcazar ist bis heute eine touristische Attraktion dieser Stadt. In Toledo erbaute sich Alfonso VIII. (1155-1214) einen prunkvollen arabischen Palast. Er war mit Eleonor verheiratet, deren Mutter die berühmte Eleonore von Aquitanien war, aber er verliebte sich unsterblich in die Jüdin Rahel. Lion Feuchtwanger hat im Roman 'Die Jüdin von Toledo' diese Zeit fesselnd beschrieben.

DIE JÜDIN VON TOLEDO

Der Roman spielt zur Zeit der Reconquista Spaniens durch katholische Könige. Viele Juden im islamischen Andalusien mussten damals, im 12. Jahrhundert, konvertieren oder auswandern; so auch der jüdische Kaufmann Ibrahim aus Sevilla. Zwar war er Ratgeber des Emirs und damit ziemlich geschützt, entschloss sich jedoch, die Seiten zu wechseln und seinen alten Namen wieder anzunehmen. Als Jehuda trat er in die Dienste des kastilischen Königs Alfonso VIII, der den Krieg gegen den Emir vorbereitete. Er beschaffte dem König Geld, so dass die Wirtschaft des Landes wieder in Gang kommen konnte. Alfonso ließ sein Lustschloss 'La Galiana' im maurischen Stil restaurieren. Bei der Besichtigung mit Jehuda befahl er, dass Jehudas Tochter Raquel dort als seine Nebenfrau wohnen sollte. Raquel akzeptierte. Alfonso war von ihr hingerissen und lebte nur noch die Liebe zu ihr. Er vernachlässigte seine Ehefrau Eleonor. Sie spann eine Intrige, deren Ausgang nicht verraten werden soll.

Die arabische Welt hatte viel von dem Wissen der Griechen bewahrt und war in der Medizin, der Mathematik und der Logik Europa weit voraus, nicht zuletzt weil sie über die vollständigen Schriften von Aristoteles verfügte. Diese Situation veränderte sich in der christlichen Welt mit der Eroberung islamischer Gebiete.

Mit Übersetzung der arabisch verfassten Schriften und vor allem der vollständigen Texte des Aristoteles entstand ein Umdenken, das zu einer Neubewertung der Philosophie führte. In bedeutenden Übersetzerschulen wurden die wissenschaftlichen Werke der Muslime und auch der Juden ins Lateinische übertragen, woraufhin diese Texte im Abendland Disziplinen wie Philosophie, Medizin und Mathematik entscheidend voranbrachten. Aus dem Vergleich erhaltener Fassungen schließt man auf ein Zusammenwirken arabisch- und lateinkundiger Autoren, bei dem zunächst ein Jude oder Mozaraber nach dem arabischen Original eine romanische Zwischenstufe erstellte, die unter Umständen nur mündlich bestand und ihrerseits die Grundlage für die lateinische Version bildete

Raimund von Toledo war 1125-1152 Erzbischof von Toledo und förderte Gelehrte, die Werke arabischer Theologen, Philosophen und Naturwissenschaftler ins Lateinische übersetzten. Dazu gehörten die griechischen Klassiker, die schon auf arabisch vorlagen und nun ins Lateinische übertragen wurden, und sogar der Koran. Ein Übersetzerteam, zu dem auch ein Sarazene zählte, fertigte 1143 die erste lateinische Übersetzung des Korans an, die der Abt von Cluny in Auftrag gegeben hatte. Außerdem übernahm Raimund das arabische System von Bewässerungsanlagen und sorgte damit für die Kultivierung dieser Region weit nördlich von Andalusien.

Die Glanzzeit und höchste Blüte erreichte Toledo während der Regentschaft von Alfons dem Weisen (1226-1288). Dabei ist die königliche Residenz Toledo gemeint, die das kastilische Reich im Zentrum Spaniens bestimmte, das sich bis Sevilla ausdehnte. Unter Alfons dem Weisen wurden Schriften über Astronomie, Physik, Alchemie, Mathematik, aber auch Literatur und sogar Spiele (Schach !!) übersetzt. Zielsprache war nunmehr vor allem die Lengua Romana, die romanische Sprache, aus der sich das Kastilische entwickelt hat, in geringerem Umfang auch das Französische und das Lateinische. Das Kastilische wird oft mit dem Spanischen gleichgesetzt, aber das Baskische oder das Katalanische sind weitere Sprachen Spaniens. Das Kastilische hat sehr viele arabische Elemente aufgenommen. Nach Auswertung des Wörterbuches der 'Real Academia Española' von 1995 enthält es heute noch 1285 Entlehnungen aus dem Arabischen (Arabismen) und ist die romanische Sprache mit den meisten arabischen Lehnwörtern; es handelt sich dabei um Kulturbegriffe bis hin zu Bezeichnungen für Begriffe des alltäglichen Lebens, z. B. 'aceite = Öl', 'alfombra = Teppich'. Das Wort 'ojalá' (= hoffentlich) ist eine hispanisierte Form der arabischen Redewendung 'Inschallah' und bedeutet 'So Gott will'. Arabische Lehnwörter finden sich unter anderem in Verwaltung und Staatswesen, Heerwesen, Münzprägung, Naturwissenschaften, Landwirtschaft (Ackerbau, Bewässerungsanlagen), Hausrat, Kleidung, Speisen, Pflanzen- und Tierbezeichnungen.

Es waren hauptsächlich die Mozaraber (Christen, die unter arabischer Herrschaft gelebt hatten) und die Morisken oder Mudejaren (Moslems, die unter christlicher Herrschaft lebten), die den neuen christlichen Herrschern die arabische Sprache und Kultur vermittelten. Alfons der Weise richtete eine Schule ein, in der der arabische Philosoph Muhamed al-Riquti Araber, Christen und Juden unterrichtete. Er gründete auch eine 'allgemeine Schule für Arabisch und Latein', an der Christen und Moslems Wissenschaft und Philosophie unterrichteten, und stellte arabische Seefahrer und Astronomen ein, die mit ihm an den 'astronomischen Tafeln' und einer Geschichte Spaniens arbeiteten.

Die arabischen Schriften behandelten viele wissenschaftliche Themen, die in Europa nicht oder wenig bekannt waren. Die Übersetzer hatten die schwierige Aufgabe, geeignete Übersetzungen für arabische Wörter zu finden, für die es in der europäischen Sprache kein Äquivalent gab. Sie lösten diese Aufgabe vielfach durch Lehnwörter aus dem Arabischen und trugen so wesentlich dazu bei, dass bis heute ein wesentlicher Teil des wissenschaftlichen und technischen Wortschatzes in den europäischen Sprachen arabischer Herkunft ist.

Alfons der Weise war nicht nur Auftraggeber, sondern hat selbst korrigiert und dafür gesorgt, dass Übersetzer ausgebildet wurden. Man kann deshalb mit Recht von der Übersetzerschule von Toledo sprechen, die offenbar von der kirchlichen Hierarchie akzeptiert war. Das Schachbuch Alfons des Weisen basiert auf arabischen Texten und entwickelt das Schachspiel.

Aber das Zeitalter des Zusammenlebens in Toledo und anderen eroberten Teilen Spaniens blieb nicht von Dauer. Der Sohn Sancho IV. und der Enkel Ferdinand IV. waren unbedeutende Nachfolger. Nach dem Tode Ferdinands IV. 1312 kam der einjährige Alfons XI. auf den Thron, der den Mauren bis zu seinem Tod 1350 entscheidende Niederlagen beibrachte.

Seit der arabischen Eroberung 712 waren fast 5 Jahrhunderte islamischen Kultureinflusses vergangen, als Alfons der Weise starb. Rigorismus der christlichen Kirche sowie Vorurteile und Misstrauen gegenüber den religiösen Minderheiten führten zu Verfolgung und Vertreibung der Juden und Muslime aus dem Königreich Toledo und später aus ganz Spanien.

RECONQUISTA – RÜCKEROBERUNG

1085, fast vier Jahrhunderte nach Landung der Mohammedaner in Gibraltar, war die Einnahme von Toledo der Beginn der Rückeroberung, denn die christlichen Herrscher konnten ins Zentrum der iberischen Halbinsel vordringen und einen Keil in das arabische Gebiet treiben, dessen Machtbereich sich von nun an auf Andalusien konzentrierte. Toledo war die Hauptstadt des Westgotenreiches gewesen, bevor es von den Arabern erobert und christlicher Herrschaft entrissen worden war. Die Rückeroberung hatte große symbolische Bedeutung. Mehr als ein Jahrhundert später, im Jahre 1212, erlitten die Muslime auch in ihrem Kerngebiet eine entscheidende militärische Niederlage: Papst Innozenz III. hatte zum Kampf gegen den Islam in Spanien aufgerufen, nachdem die Kreuzzüge ins Heilige Land zu erheblichen Verlusten geführt hatten. Zwar kam Hilfe für die Muslime, denn 1211 überquerte Sultan Muhammed al Nasir mit einem großen Heer von maurischen Kriegern aus Nordafrika die Strasse von Gibraltar. Es gelang ihm schnell, christlichen Boden zu gewinnen. Aber der Papst beauftragte den Erzbischof von Toledo mit dem Gegenschlag. Dieser konnte ein Bündnis der Königreiche Portugal, León, Kastilien, Navarra und Aragón schmieden. Das christliche Heer schlug die Muslime im Norden Andalusiens in der Provinz Jaén bei Las Navas de Tolosa. Diese Schlacht stellte die Weichen. Die Muslime mussten danach immer mehr Gebiete abtreten. 1236 ging ihnen Cordoba, 1238 Valencia, 1246 Jaén und 1248 auch Sevilla verloren.

Schließlich blieb ihnen nur noch das Reich von Granada an der Südostküste Spaniens. Muhammed Yusuf ben Nasri begründete die Dynastie der Nasriden, die das Emirat von Granada seit 1232 beherrschte, sich aber der kastilischen Oberherrschaft unterordnete. Es erreichte seinen wirtschaftlichen und kulturellen Höhepunkt unter Ysuf I. (1333–1354) und Muhammed V. (1354–1391). Im 'Pakt von Casares' schlossen sich der kastilische König Pedro I. und der Nasriden-Herrscher Muhammed V. zu einer Allianz zusammen, die die Wiedereinsetzung Muhammeds als oberstem Herrscher verfolgte.

Die Nasriden erlangten wieder die Kontrolle über die Meerenge von Gibraltar und konnten den Handel ausweiten. Granada wurde ausgebaut, die Paläste auf der Alhambra mit dem Löwenhof entstanden. Künste, Natur- und Geisteswissenschaften blühten dank der Förderung durch die Herrscher. Im 15. Jahrhundert begann dann der endgültige Niedergang auch dieses Emirats. Mehrere Sippen kämpften um die Macht im Reich. Viele der Herrscher ließen bei ihrer Thronbesteigung andere Thronanwärter einkerkern oder ermorden. Ein Bürgerkrieg schwächte sie schließlich entscheidend. Die Reconquista fand ihren Abschluss, als sich die beiden größten christlichen Königreiche auf der Halbinsel, Kastilien und Aragon, vereinten: Isabella I. von Kastilien und Ferdinand II. von Aragon heirateten im Jahre 1469 und regierten ab 1479 gemeinsam. Nach Jahren des Krieges musste sich das islamische Granada 1492 ergeben. Ferdinand und Isabella gingen brutal gegen Juden und Muslime vor. Alle Juden, die nicht konvertieren wollten, mussten Spanien 1492 verlassen, alle Mauren 1502. Sie führten ein landesweites Polizei- und Justizsystem ein, die Heilige Bruderschaft, und die Inquisition. Isabella und Ferdinand galten als Erretter des Christentums. Der Papst verlieh ihnen den Ehrentitel 'Katholische Könige'. Ihre Grabinschrift in der Kathedrale von Granada lautet: "Die Vernichter der Mohammedanischen Sekte und Auslöscher der ketzerischen Falschheit".

Die Vertreibung der jetzt Morisken genannten Mauren aus Andalusien gelang in den unzugänglichen Bergen Andalusiens (Sierra Nevada) weniger gut als in den großen Städten, und Reste der ehemals maurischen Bevölkerung schlossen sich 1570 zu einer Rebellion gegen die christlichen Herrscher zusammen. Vor allem in den Alpujarras verschanzten sie sich. Die blutige Niederschlagung der Rebellion vertrieb die letzten Mauren und hatte den Niedergang der Region zur Folge.

SPANISCHE INQUISITION

Sie spanische Inquisition stand in engem Zusammenhang mit der Vertreibungspolitik der Katholischen Könige. In den ersten Jahren nach dem Sieg der Reconquista war Tomas de Torquemada (1420-1498) der spanische Großinquisitor. Er allein hat mehrere tausend Verbrennungen befohlen.

Der Terror der christlichen Inquisition ver-folgte seit 1481 in Sevilla Juden, Moslems und andere 'Ungläubige', 'Ketzer', die nicht zum Übertritt bereit waren oder nur scheinbar über-getreten waren. Sie wurden in vielen Fällen öffentlich verbrannt (ein sogenanntes Autodafé). Die Moriscos (eine abfällige Bezeichnung für die Nachkommen der Mauren) wurden unterdrückt und gedemütigt. Arabische Kleidung, Sprache und Lebensweise (z. B. die Benutzung der Bäder) wurde verboten. Auf Drängen der Kirche wurden entgegen allen vorherigen Versicherungen Juden und nichtchristliche Araber, die zurückgeblieben waren, umgebracht, vertrieben oder zwangschristianisiert. Massentaufen waren an der Tagesordnung. Die maurische Kultur sollte spurlos vernichtet werden.

Nach dem Sieg der Reconquista wurde offensichtlich, dass der Kampf der Spanier und Portugiesen gegen die Mauren nicht nur um Religion oder gar um politische Freiheit ging, sondern um Macht und die Ausweitung des eigenen Herrschaftsbereichs. Königin Isabella empfing 1493 einen gewissen Kolumbus auf der Alhambra, der dann von dort zur (zufälligen) Entdeckung Amerikas aufbrach. Dies war der Beginn des Aufstiegs Spaniens zu einer Weltmacht. Die Folgen dieser Fahrt veränderten die Ausbaupläne der Alhambra, sie wurden zum Glück vor Vollendung abgebrochen, denn nun öffneten sich neue Horizonte für Eroberungen und Bereicherungen. Vor allem durch den Goldraub stieg Spanien zu einem der reichsten Länder auf. Man übersieht dabei, dass Portugals Aufstieg vorher begann, weil es schon früher die Mauren vertrieben hatte, so dass die Portugiesen zu Beginn des 15. Jahrhunderts als erste den Seeweg nach Indien suchten und dadurch den Seehandel mit afrikanischen Sklaven zu einer wichtigen Einnahmequelle machten. Pfeffer, Gold und Elfenbein waren wichtige Handelsgüter, die nun durch die Atlantikrouten erobert werden konnten.

SKLAVENHANDEL

Der Handel mit afrikanischen Sklaven ist alt. Durch die Sahara, über das Mittelmeer, das Rote Meer und auch den Indischen Ozean wurden schon vor dem Islam Menschen aus Afrika verschleppt. Die Frauen wurden in Harems gesperrt, die Männer entmannt, zum militärischen Dienst oder zur Arbeit verurteilt.

Die Routen des Sklavenhandels lagen lange in den Händen orientalischer Kaufleute. Mit der Reconquista wurde auch Katalonien bedeutend. Vor allem auf Sizilien und den balearischen Inseln wurden Sklaven zur Arbeit getrieben. Man schätzt mindestens 6 Millionen Opfer. Der portugiesische Prinz Heinrich der Seefahrer machte 1415 seine erste Entdeckungsfahrt nach Afrika. Danach suchte er einen Seeweg entlang der westafrikanischen Küste nach Indien, um vom Gewürzhandel zu profitieren. Die Expeditionen waren teuer. Das Plündern deckte nicht die Kosten, so dass er Afrikaner verschleppte, um Lösegeld zu erpressen, wie man es in Portugal schon mit den benachbarten Mauren gemacht hatte. Das klappte aber nicht, also wurden die Gefangenen als Sklaven verkauft.

Prinz Heinrich war Gouverneur des portugiesischen Ordens der Christusritter und sollte nebenbei auch 'missionieren' (damit war gemeint, den islamischen Einfluss zurück zu drängen und neue Machtbereiche zu erobern). Er hatte daher gute Kontakte zum Papst, der eine Bulle erließ, die erlaubte, Heiden zu versklaven und ihren Besitz zu nehmen. Der

Christusorden war ein Nachfolger der portugiesischen Tempelritter und ökonomisch wie auch militärisch ebenso mächtig.

Der Papst, dem zuvor schon die Tempelritter direkt unterstellt waren, hatte das Recht, ebenfalls Christusritter zu ernennen; 1963 erhielt Konrad Adenauer diesen Orden für seine besonderen Verdienste um die katholische Kirche.

Nach der Reconquista begann eine Zeit der Barbarei mit den arabischen Kulturwerten. Der katholische Erzbischof Jimenez ließ alle arabisch geschriebenen Bücher und Bibliotheken und Schriften beschlagnahmen und ohne Rücksicht auf ihren Inhalt verbrennen, weil sie 'unchristlich' waren. Es war eine Teufelsaustreibung, für die man sogar Listen der verbrannten Bücher anlegte. Mehr als 1 Million Bücher aus Wissenschaft und Kunst wurden vernichtet. In Europa gab es noch keine Buchdruckerei. Es waren also alles handgeschriebene Bücher. Es ist nicht bekannt, wie groß der Verlust ist, weil gewiss auch Unikate unter den verbrannten Büchern waren, er dürfte aber den der Bücherverbrennungen unter den Nazis übersteigen.

Wissen und Können der islamischen Kultur auf der iberischen Halbinsel und sogar die Erinnerung daran gingen verloren. Durch kolonialistische Raubzüge hatten Spanien und Portugal vorübergehend eine ökonomische Machtstellung erobert, doch dann verarmten sie. Fanatismus und religiöse Intoleranz haben in beiden Ländern noch im 20. Jahrhundert dominiert.

ISLAMISCHE KULTUR IN EUROPA: IBERISCHE HALBINSEL

Die Moslems kamen als Befreier einer unterdrückten Bevölkerung auf die iberische Halbinsel. Die westgotische Oberschicht hatte mit großer Härte geherrscht. Von den Römern hatte sie das räuberische Steuerwesen, die Latifundienwirtschaft und die Sklaverei in der brutalsten Form übernommen. Die katholische Geistlichkeit hatte eine zentrale Position, war hart und herrschsüchtig und konnte selbst den Königen vorschreiben, was sie zu tun hatten. Juden wurden besonders stark unterdrückt und ausgeplündert. Eine Truppe von 7000 mohammedanischen Kriegern genügte, um das Land zu erobern. Die gotische Gesellschaft war streng hierarchisch organisiert und wurde nun zum Vorteil der Unterdrückten umstrukturiert. Christen und Juden sind für Moslems ebenfalls 'Völker des Buches' (der Bibel) und wurden deshalb bevorzugt behandelt, weil Mohammed sie als Besitzer eines Teils göttlicher Wahrheit angesehen hatte, die sie nur falsch verstünden. Da sie den Islam anfeindeten, mussten sie bekriegt werden, aber nach dem Sieg war Milde angesagt.

Im Gegensatz zur mittelalterlichen christlichen Missionsidee, die den Heiden nur die Wahl zwischen Bekehrung und Tod ließ, gewährte der Islam den besiegten Feinden die Möglichkeit, sich zu unterwerfen, die Religion aber – sei sie christlich oder jüdisch – beizubehalten. Als Dhimmi (Schutzbefohlene) konnten sie ihren Glauben praktizieren, mussten allerdings eine Kopfsteuer bezahlen. Synagogen und Kirchen blieben bestehen, daneben entstanden Moscheen. Juden und Christen konnten ihre Gesetze und Richter behalten, mussten nur aus der Mitte ihrer Gemeinde einen Vorsteher wählen, der sie vor der moslemischen Regierung vertrat und für die Abgabe der nach Einkommen und Beruf gestaffelten Steuern sorgte. Die christlichen Bischöfe wurden nun vom Emir ernannt, der oftmals dieses Amt versteigerte. Da es einträglich war, gewannen nicht selten Juden oder Moslems die Auktion, was zu Spannungen führte. Im 9. Jahrhundert wanderten die meisten christlichen Geistlichen aus, so dass es auf dem Lande keine Taufen mehr gab. Christen traten massenhaft zum Islam über, weil sie damit die vollen Bürgerrechte erhielten, Bodenbesitz erwerben, Waffen tragen durften und die Kopfsteuer nicht zu zahlen brauchten. Für den Staat bedeutete der Übertritt also Einnahmeverluste, so dass man das gar nicht so gern sah, sondern lieber über möglichst viele Steuerzahler anderen Glaubens herrschte.

Ihre gesellschaftliche Stellung war nicht einfach, denn in die arabische Oberschicht wurden sie nicht aufgenommen, von ihren früheren Mitchristen wurden sie angefeindet. Sie bildeten eine Gruppe Unzufriedener, die sich in Unruhen Luft machte. Es kam auch zu Vermischungen, in denen ein Elternteil arabisch, der andere nichtarabisch war. Deren Kinder nannte man Muwallad (spanisch: Muladi). Am Ende des 10. Jahrhunderts stellten sie die Bevölkerungsmehrheit, so dass man in der Folge der Vermischung die unterschiedlichen Ursprünge nicht mehr wahrnahm. Es war eine neue Bevölkerung entstanden, die sich Andalusier nannte.

SEPHARDIM

Im Hebräischen bezeichnet Sepharad die iberische Halbinsel, ihre jüdischen Einwohner waren deshalb Sepharaden und werden auch Sephardim genannt.

Die Entwicklung der Städte war am auffälligsten, wobei nicht nur der arabische Einfluss wirkte: Die sepharadischen Juden waren anfangs gering an Zahl, man schätzt sie auf Hunderttausend, aber sie spielten eine zentrale Rolle. Die neuen Herrscher waren für sie die Befreier, denen sie bei der Eroberung und der Umorientierung insbesondere der städtischen Gesellschaft halfen. Als Dank erhielten sie die Freiheit von Person und Gewerbe. Über viele Länder verstreut war das Handelsgeschäft ihre Hauptaktivität. Wichtigste Handelsartikel waren Gold und Sklaven (oftmals waren es Slawen, daher der Name). Mit ihrem Geschäft verbunden war die Beherrschung vieler Fremdsprachen, die sie für den Beruf des Übersetzers prädestinierte. Zugleich förderten sie den Austausch von Wissen und Kultur. Ökonomisch waren sie gut gestellt und hatten einen bedeutenden Anteil am Aufblühen spanischer Städte, spielten aber auch in der Politik eine wichtige Rolle. In Wissenschaft und Philosophie hatten sie ebenfalls einen großen Einfluss.

Auf dem Land der iberischen Halbinsel war der Wandel jedoch nicht weniger grundlegend. Nach der Enteignung der gotischen Adligen und katholischen Geistlichen wurde das Land neu verteilt. Für militärische Verdienste bekamen Eroberer Land und bildeten eine neue (arabische) Aristokratie, ihnen nachgeordnet waren die Mawali, Moslems nicht-arabischer Herkunft, die unter dem persönlichen Schutz eines einflussreichen Muslims standen. Eine dritte Gruppe bildeten die andersgläubigen Bauern, aber auch freigelassene Sklaven und ehemalige leibeigene Bauern durften bleiben, wenn sie als Pächter die Felder bestellten. Dafür mussten sie jedes Jahr einen Teil der Ernte an die neuen Besitzer abführten. Es entstand bäuerlicher Klein- und Mittelbesitz

Außer den seit den Griechen bekannten Gemüse- und Getreidesorten und Oliven, Feigen und Weinreben wurden neue Pflanzen aus dem Orient eingeführt: Zuckerrohr, Reis, Auberginen, Spinat, Artischocken, Spargel, Aprikosen, Bananen, Baumwolle, Orangen, Limonen und Zitronen und die Dattelpalme, die ein wichtiges Grundnahrungsmittel in arabischen Ländern liefert. Bewässerungssysteme wurden angelegt, um in Nutzgärten (Huertas) und fruchtbaren Ebenen (Vegas) die Landwirtschaft zu einer neuen Blüte zu führen. In der Hierarchie ganz unten waren weiterhin die Sklaven, meist ehemalige Kriegsgefangene. Unter den christlichen Herrschern waren sie jeder Willkür preisgegeben, selbst geringste Vergehen wurden blutig bestraft.

Der Koran verlangt jedoch die rücksichtsvolle Behandlung von Sklaven. Sie konnten sich durch Arbeit freikaufen oder auf die Milde ihres Herrn spekulieren, denn es galt als ehrenhaft, einem Sklaven die Freiheit zu schenken. Sklaven hatten sogar das Recht, ihren Herrn wegen schlechter Behandlung vor Gericht anzuklagen. Sie konnten auch versuchen, sich durch Übertritt zum Islam zu befreien.

Nicht selten nahm ein arabischer Herr eine Sklavin zur Frau. Auch diese fremden Einflüsse trugen zur Entstehung der Andalusier bei. Unter Abd al-Rahman II. (822-52) wuchs die Bevölkerung auf mindestens 10, vielleicht sogar 30 Millionen, die in Hunderten von Städten lebten. Mit den Technologien sowie der Steuer- und Kreditpolitik, die unter dem Kalifat in Bagdad eingeführt worden waren, entwickelte sich in Andalusien ein hochentwickelter Agrarsektor. Die islamischen Gesetze kannten kein Erstgeburtsrecht, sondern privilegierten die Familienbetriebe und erleichterten die Verteilung des Landes an alle Nachkommen. Die Landwirte nutzten fortschrittliche Bewässerungstechniken, die durch Steuern finanziert wurden, und bezahlten nur 5 % ihrer Ernten als Steuerabgabe.

Die Textilindustrie beschäftigte in Cordoba 13 Tausend Menschen und erzeugte Baumwolle, Leinen, Wolle und Seide. Staatliche und private Webereien arbeiteten mit Spindeln und horizontalen Webstühlen. Für die landwirtschaftliche Nutzung boten sich die fruchtbaren Böden der Flusstäler, vor allem die des Hauptflusses Guadalquivir, sowie die Küstenregionen an. Daneben hatten die Bewässerungstechnik der iberischen Muslime sowie ihre Kenntnisse in Anbaumethoden höchstes Niveau erreicht und auch wenig günstige Böden ertragreich gemacht. Nur so war es möglich, die Bevölkerung zu ernähren. Zu Reichtum gelangte das Emirat durch seine Exporte: Olivenöl und getrocknete Früchte waren sehr begehrt. Wesentlich einträglicher war aber die Ausfuhr von weiterverarbeiteten Erzeugnissen wie Leder, Keramik, Papier und Stoffen, darunter Seide, die seit der Einführung von Seidenraupen im 8. Jahrhundert produziert wurde. Die Herstellung dieser Artikel beruhte auf Kenntnissen, über die man im übrigen Europa nicht verfügte, was diese Waren so begehrt machte.

Entlang der andalusischen Ostküste befanden sich viele Hafenstädte, die durch den Mittelmeerhandel florierten, daneben war Sevilla wichtiger Warenumschlagsplatz. Aber auch mit dem christlichen Norden wurde reger Handel getrieben, wobei man von dort im Wechsel Rohstoffe bezog. Der Wohlstand des islamischen Südens basierte daneben auch auf den Razzien, den Beutezügen gegen die christlichen Staaten im Norden.

Entscheidend für die Entwicklung der Landwirtschaft war der achte Herrscher des Emirats von Cordoba: Abd ar-Rahman III. (912-961). Er gründete das 'Tribunal de las Aguas', das die Verteilung des Wassers an die Bauern regelte und Streitigkeiten schlichtete. Das System dieser Wasserkanäle stammt von den Römern und wurde von den Arabern nach nordafrikanisch-syrischem Vorbild weiterentwickelt, beruhend auf mathematischem und physikalischem Wissen. So ist die Bewässerungstechnik mit Wasserschöpfrädern, den Norias, und Gräben auch in Spanien zum Einsatz gekommen und prägt in Andalusien bis heute das Bild. In der Provence heißen die Schöpfbrunnen mit Wasserrädern noch heute Noria. Auch zur jährlich neuen Bodeneinteilung und Landvermessung dienten angewandte Trigonometrie und Algebra. Beides sind arabische Erfindungen.

Abd ar-Rahman III. herrschte 49 Jahre. Er war ein typischer Andalusier: der Sohn einer Nebenfrau seines Vaters, einer fränkischen Sklavin, und Enkel einer baskischen Prinzessin. Er wird von zeitgenössischen Chronisten als rotblond und blauäugig beschrieben. Seine Mischungspolitik versöhnte Araber, Berber und Muwallad miteinander. Unter seiner Herrschaft wurden die verschiedenen spanischen Volksgruppen vereinigt.

Bis 926 war das Emirat Cordoba eine Provinz mit dem Emir als Gouverneur. Oberster Herrscher war der Kalif in Bagdad. In diesem Jahr ersetzte Abd ar-Rahman seinen Titel Emir durch Kalif und ließ sich zum 'Herrscher aller Gläubigen' ausrufen, um anzuzeigen, dass er sich von Bagdad gelöst hatte und Cordoba nun eine Großmacht war. Um die Gläubigen an sich zu binden, ließ er Cordoba als alternativen Wallfahrtsort zu Mekka gelten, was der Stadt wirtschaftlichen Aufschwung brachte. Er machte die auf der iberischen Halbinsel lebenden Moslems zu einer vom Orient getrennten Einheit mit eigener Kultur, die unmittelbar mit dem Christentum konfrontiert war. Einerseits gab es im eigenen Staat die 'Mozaraber' (christlichen Araber), andererseits waren die benachbarten Staaten christlich. Dank der fruchtbaren Zusammenarbeit aller Bevölkerungsteile, die einander respektierten, stieg das islamische Spanien zum reichsten und am dichtesten bevölkerten Land Europas auf.

Spanien galt als Heimat des feinen Lebensgenusses und hoher wissenschaftlicher und künstlerischer Tätigkeit. Andalusien war eine Metropolregion. Gegen Ende der Regierung Abd ar-Rahmans war Cordoba die Stadt Europas mit den meisten Einwohnern. Es heißt, die Stadt habe um das Jahr 1000 eine halbe Million Einwohner gehabt, 113 Tausend Häuser, 80 Tausend Läden, 300 Moscheen, 50 Hospitäler und 900 öffentliche Bäder. Reisende berichteten von gepflasterten Straßen, die des Nachts beleuchtet waren, von Wohnhäusern, die mit fließendem Wasser ausgestattet waren, und von Kristallglas, das die Gold- und Silberbecher als Trinkgefäße verdrängt hatte. Seinen Reichtum verdankte Cordoba auch den teuren Gewürzen, die es in seinem Reich anbauen ließ und ins übrige Europa exportierte: Zimt, Safran, Koriander, Ingwer, Muskat und Nelken.

Abd ar-Rahmans Sohn war Hakâm II. (961-976), der die Politik seines Vaters fortsetzte. Unter seiner Regentschaft wurde Cordoba zum intellektuellen Zentrum Europas. Er förderte die Wissenschaften und die Bildung. Er gründete 27 Volksschulen, die öffentlich, unentgeltlich und für jeden zugänglich waren, der Lesen und Schreiben lernen wollte. 20 öffentliche Bibliotheken, 80 Schulen und 17 von der Moschee unabhängige höhere Schulen entstanden. Auch für Arme und Waisenkinder gab es Schulen. Unabhängig vom Geschlecht konnten Jungen und Mädchen lernen. Die Religionszugehörigkeit war für die wissenschaftliche Arbeit kein Hindernis. Christen, Juden und Muslime arbeiteten zusammen. Hakâm selbst war ein anerkannter Gelehrter, dessen Bibliothek mehr als 400 Tausend Bücher enthalten haben soll, von denen er selbst viele kommentiert hatte. Außerdem baute er die Universität der 'Mezquita' aus, die Studenten aus der ganzen islamischen Welt anzog. Im Vordergrund standen Philosophie, Recht, Medizin, Chemie, Mathematik, Physik und Astronomie. Es wurde auf griechischem und römischem Wissen aufgebaut.

Wissenschaft war – wie bei den Griechen – nicht nur Theorie, sondern auch Praxis. Ein bekannter Lehrer seiner Zeit war der Mathematiker und Astronom Abu'l-Maslama, der das Astrolabium erfand. Dieses Gerät machte die Standortbestimmung beim Seefahren ohne Landsicht möglich. Die Entdeckung Amerikas, die Fahrten von Kolumbus, Vasco da Gama und anderen verdankten sich dem Astrolabium. Der große Geograf Al-Idrisi hatte in Cordoba studiert und 1139 in Sizilien für König

Roger II eine Beschreibung der Welt mit 70 Karten angefertigt. Cordoba war international als Zentrum der Naturwissenschaften bis zum 12. Jahrhundert bekannt.

Vor allem die arabische Medizin war führend und erregte im christlichen Europa Anstoß. Abu'l-Qasim ('Abulcasis', 936-1013) aus der Nähe von Cordoba war der Hofarzt von Hakâm II. und zeigte in seiner medizinischen Enzyklopädie, die 30 Bände umfasste, genaue Abbildungen des sezierten menschlichen Körpers, während in den christlichen Ländern verboten war, den menschlichen Körper zu öffnen. Das Abgebildete widersprach der christlich-theologischen Lehrmeinung. Ibn Sina (Avicenna, 980-1037) aus Persien knüpfte an das griechische, römische und persische Wissen an und verfasste 16 medizinische Werke, von denen der 'Kanon der Medizin' lange Zeit das medizinische Standartwerk blieb.

Ibn al-Nafis (1210-1288) aus Damaskus entdeckte durch Sezieren den Blutkreislauf und verfasste darüber ein Werk, Jahrhunderte bevor dieser Kreislauf in Europa beschrieben wurde. Ibn al-Khatib (1313-1374) aus dem Yemen wurde Wesir in Granada und entdeckte 1348 durch genaues Studium und durch Autopsie, dass die Pest eine Infektionskrankheit ist, die durch Kontakt mit der erkrankten Person übertragen wird.

Das Kalifat Cordoba unterstand der Dynastie der Omajaden, deren letzter Herrscher ein 10-jähriges Kind war, das nach dem Tod seines Vaters auf den Thron gesetzt wurde und wieder im Harem verschwand: Hîshâm III. (976-1013). Damit endete diese Dynastie auch in Spanien. An seiner Stelle regierte seine Mutter Subch, eine baskische Prinzessin, mit ihrem Liebhaber Almansor, der sich durch zahlreiche Razzien auszeichnete und unter anderem Barcelona und Santiago de Compostella zerstörte.

AL-ANDALUS

Der Name der iberischen Halbinsel unter der Herrschaft des islamischen Kalifen war Al-Andalus. Während der größten Machtausdehnung umfasste dieses Reich fast ganz Spanien und Portugal und einen Teil Südfrankreichs. Erst viel später reduzierte es sich auf den Bereich des heutigen Andalusien.

Zu Beginn des 11. Jahrhunderts tauchte der Name 'Andalusier' zur Bezeichnung der Bevölkerung im Kalifat auf – gleich welcher Religion oder Abstammung. Dies ist als Indiz für die kulturelle Verschmelzung zwischen Arabern, Berbern, Iberern und Goten anzusehen, aber auch zwischen Moslems, Juden und Christen. Etwa 75 Prozent der Bevölkerung waren inzwischen Moslems geworden, die sich oftmals arabische Stammbäume zugelegt hatten. Die gemeinsame Sprache dieser Gesellschaft war Arabisch, auch für die Christen. Das sollte bei der Reconquista zu entsprechenden Verständigungsproblemen mit den Christen führen.

Das andalusische Kalifat von Cordoba zerfiel zu Beginn des 11. Jahrhunderts in mehr als 20 Emirate, die Reyes de Taifas (nicht zu verwechseln mit Tarifa, der südlichen Stadt, die nach dem Berber benannt ist, der 710 die ersten Eroberer anführte: Tarif ibn Malik). Diese Taifa-Kleinreiche bekämpften sich gegenseitig, lebten im Luxus und pressten das Volk aus. Kriege und Umstürze waren an der Tagesordnung, so dass viele Gelehrte in die Provinzen flohen und zu ihrem Aufblühen beitrugen. Die Folge waren neue kulturelle Zentren an den Höfen der Kleinkönige von Sevilla, Badajoz, Granada, Zaragoza, Toledo oder Almeria. In Sevilla regierte im 11. Jahrhundert mit al-Mu'tamid ein Fürst, der als Dichter bekannt wurde und für die Anstellung bei Hof als Minister oder Schreiber nur dichtende Männer auswählte. Andalusien brachte in der Folge große Philosophen und Ärzte, Theologen und Mystiker, Historiker, Mathematiker hervor, aber ganz besonders Dichter und Schriftsteller. Die Höfe zogen Poeten an, zu denen auch Frauen gehörten. Vor allem die Liebesgedichte waren bemerkenswert, insbesondere wegen ihrer oft deutlichen Sprache. Zu den berühmtesten Dichterinnen gehörten Wallada, die Tochter des Kalifen, und Umm al-Kiram, die Tochter des Königs von Almeria. Ihre Werke drehten sich häufig um den Geliebten und die Hoffnung, von ihm erhört zu werden.

Der Schwerpunkt verlagerte sich nach Sevilla. Die Stadt verjagte die Berber und bestimmte einen Jemeniten zum Machthaber. Für diesen Herrscher kämpfte auch El Cid. Daneben begann Granada, das weiter in Berberhand war, seinen Aufstieg. Dorthin waren so viele Juden geflohen, dass sie tonangebend wurden. In Granada wurden die Juden so zahlreich, dass sie die völlige Gleichstellung mit den Moslems erzwingen konnten. Die Stadt hatte in ihrer Blütezeit vermutlich 100 Tausend Einwohner, von denen die Hälfte jüdisch war.

EL CID

Der spanische Nationalheld Rodrigo Diaz war ein christlich-kastilischer Ritter aus der Anfangszeit der Reconquista, dessen Ehrentitel Cid vom arabischen Sidi = Herr stammt. Ein kleiner Adliger, der sein Leben mit Krieg verdiente, kämpfte 1079 für Sevilla im Machtkampf mit Granada, also auf maurischer Seite. Es heißt, dass sein König Alfons VI. ihn deswegen verbannte. Obwohl er lange Zeit maurischen Königen diente und ein Grenzgänger zwischen beiden Kulturen war, entstand schon bald nach seinem Tod 1099 eine Dichtung voller histo-

rischer Ungenauigkeiten und Erfindungen, die ihn zum christlichen Kreuzzugsritter gegen den Islam umlog.

Alfons VI. (1072-1109) vereinigte Kastilien, León und Galicien und nahm 1085 Toledo ein, das als uneinnehmbar galt. Der Tajo bildete nun die südliche Grenze. Der arabische König von Sevilla konnte die anderen Kleinkönige zu einer Einigung bewegen und Berber aus dem Atlas zu Hilfe rufen. Die arabische Aristokratie verachtete die Fremden, aber sie waren mit einer neuen Art der Kriegsführung erfolgreich und eroberten nach Marokko und Algerien große Teile Spaniens zurück. Tajo und Ebro wurden wieder Grenzflüsse zu den christlichen Gebieten. Ihr Fundamentalismus beantwortete die christlichen Kreuzzugsparolen mit dem islamischen Dschihad.

Die Kleinkönige wurden wegen Landesverrat und Wohlleben abgesetzt. Die neue Hauptstadt des islamischen Spanien wurde Marrakesch. Viele Gelehrte und Kunsthandwerker aus Cordoba zogen dorthin, so dass Nordafrika hispanisiert wurde. Das Doppelfenster und das Ornament der übereinander gestellten Kleeblattbögen, das Stützensystem mit Arkaden, Backsteinverwendung an den Pfeilern, 'Murqanas' an den 'Maqsura'-Kuppeln und 'Hufeisenbögen' wie bei der Alhambra sind architektonische Elemente, die sich auf beiden Seiten der Meerenge von Gibraltar in den Moscheebauten der damaligen Zeit finden (z.B. Algier, Sevilla). Die große Moschee in Sevilla hat ein Minarett, das in Aufbau, Gliederung und Schmuck ein Ebenbild der gleichfalls 1184 erbauten 'Kutubya' in Marrakesch ist. Dieses Minarett, die Giralda, ist heute noch eines der Wahrzeichen Sevillas. Allerdings bauten die christlichen Eroberer die Moschee in eine katholische Kirche um.

Zeitgleich eroberten die Normannen unter Roger I. Sizilien und Malta vom Islam zurück. Siegreiche Kreuzritter brachten Luxusgegenstände und Kostbarkeiten aus Spanien ins mittelalterliche Europa: golddurchwirkte Stoffe, Glas und Porzellan, Teppiche, Seide und Damast, Einlegearbeiten und Mosaike, Schmiedearbeiten und riesige Mengen von Gold und Sklaven und Sklavinnen aller Hautfarben, was die Habgier beförderte. Christen und Moslems trafen sich nicht nur auf den Schlachtfeldern, sondern begegneten sich vielerorts. Es gab regen Kontakt und viel Austausch. Techniken wurden ebenso weitergegeben wie künstlerische Formen und Objekte. Die christlichen Ritter hatten äußerst rohe Sitten, die sie nun verfeinerten. Sie übernahmen den arabischen Ehrenkodex. Die Kampfformen vor und während der Schlacht wurden nach den Regeln der Ritterlichkeit neu geordnet.

Die drei Jahrhunderte von der Entstehung des Kalifats Cordoba unter Abd ar-Rahman III. (926) bis zur entscheidenden Niederlage bei Las Navas de Tolosa (1248), waren die eigentliche Blütezeit der spanisch-maurischen Kultur, die Wissenschaft und Kultur förderte wie nirgends sonst auf der Welt im Mittelalter. Die spanischen Universitäten hatten internationalen Rang, aus allen Teilen Europas kamen Studenten. Die Lehrer waren überwiegend Moslems und Juden. Sie hüteten das überlieferte Wissen, insbesondere auch das griechische. Übersetzerschulen unter königlichem Patronat wurden gegründet. Vorbild war das um 820 von Kalif al-Mamun in Bagdad gegründete 'Haus der Weisheit'. Sie übersetzten arabische, griechische oder hebräische Texte ins Lateinische.

Das christliche, gebildete Europa pilgerte nach Toledo, um den Anschluss an seine unterdrückte und vergessene Geistesgeschichte wiederzufinden. Man begann, die Welterklärung aus religiöser Sicht in Frage zu stellen.

Fast jede wissenschaftliche und technische Disziplin unserer Neuzeit hat ihre Grundlagen damals geschaffen: Medizin, Optik, Physik, Geografie, Nautik, Mathematik, Astronomie und Alchemie sowie viele Instrumente wie Kompass, Astrolabium, Skalpell, Himmelsgloben und nautische Karten. Handwerker stellten begehrte Waren her: Toledostahl-Schwertklingen mit Damaszener-Arbeit, weiches Marroquin-Leder. Textil, Leder, Metallwaren, Teppiche und Seidenstoffe waren Produkte des islamischen Kunsthandwerks und der spanisch-arabischen Industrie. Sie beeinflussten die abendländischen Nachahmer bis in die Formen und die farbliche Gestaltung. Ihre Kunst hieß Mudejar-Stil und war hauptsächlich Flächendekoration. Sie bearbeiteten Backstein, Gips, Keramik und Holz in Nachahmung verschiedener maurischer Stile. Der Mudejar-Stil erlebte seine Blütezeit für etwa 50 Jahre Ende des 14. Jahrhunderts bis Anfang des 15. Jahrhunderts im christlichen Machtbereich.

MUDEJARES

Mudejares waren Muslime, die unter christliche Herrschaft gerieten, aber ihren Glauben behalten durften. Muslime der Oberschicht zogen vor, freiwillig zu gehen, weil sie ihrer Situation nicht sicher waren. Oft waren sie zur Flucht gezwungen, weil die christlichen Herrscher sie mit Gewalt vertrieben. Ergebnis waren Geisterstädte, und auf dem Land lebten nicht genügend Menschen, um es zu bewirtschaften. Diskriminierung trug andernorts zur Säuberung bei, denn Moslems wurden als minderwertig betrachtet. Sie mussten, insbesondere in Kastilien, sich demütigen lassen. Christenmänner konnten sich Sklavinnen verschaffen, indem sie eine muslimische Frau zum Beischlaf zwangen.

Im nördlichen Spanien gab es kaum (Kastilien) oder gar keine (Katalonien) Mudejares, aber in der Region um Valencia lebten fünf Mal so viel Mudejares wie Christen, und auch in Sevilla hatte man sie zur Rückkehr eingeladen. Dort blühte weiterhin die muslimische Kultur, obwohl Christen die herrschende Schicht stellten. Der Mudejarstil ist auch auf Sardinien und in Mexiko anzutreffen.

Die Mudejares arbeiteten vielfach auf dem Land oder als Handwerker (Töpfer, Tischler, Maurer, Gärtner). Insbesondere zeichneten sie sich als Kunsthandwerker und Architekten aus. Sie schufen eigene Ausdrucksformen, den Mudejar-Stil, der auf der islamischen Architektur aufbaute, sich mit der christlichen Gotik verband und im 14. Jahrhundert seine Blütezeit erlebte. Dazu gehörten zum einen der maurische Bogen, der wie ein Hufeisen wirkt, weil er einen 2/3 bis 3/4 Kreis beschreibt, zum anderen Muqarnas: das sind eine Vielzahl spitzer Bögen, die in- und übereinander gesetzt werden, um einen Übergang zwischen Nische und Wand oder auch zwischen Wänden und der Kuppel zu bilden. Sie sind oft sehr komplex und erinnern an Tropfsteinhöhlen. Sie werden daher auch Stalaktiten-Dekoration oder -Gewölbe genannt.

Dazu gehörte auch der Majolikadekor. Der Name wird von der altitalienischen Bezeichnung für Mallorca abgeleitet, wo die arabisch-maurische Keramikindustrie während des Mittelalters blühte. Von da aus kam die Majolika im 15. Jahrhundert nach Italien und erhielt als Fayenceindustrie eine neue Bezeichnung nach der italienischen Stadt Faenza, als ob der Stil sich der italienischen Renaissance verdankte. Entscheidend für die gute Haltbarkeit ist die Zinnglasur, sowohl bei Porzellan, als auch bei Steingut, die anschließend mit leuchtenden Farben bemalt wird.

Und schließlich gehörten dazu die Mauresken. Das sind Flächenverzierungen. Typische Zierformen sind pflanzliche Ornamente. Da in der islamischen Baukunst die Menschendarstellung vielerorts verboten wurde, hatten die arabischen Künstler die Fertigkeit der ornamentalen Verzierung zur Perfektion gebracht.

Auch Stuckornamente waren Mudjar-Kunst. Zwar ist Stuck schon seit der Antike eine wichtige Technik für die Gestaltung von Innenräumen und Fassaden, sie wurde aber im Mittelalter ungebräuchlich. Die islamische Architektur brachte ihn zur neuen Blüte, die sich auch nach Italien fortpflanzte und wiederum der italienischen Renaissance zugeschrieben wurde.

Die jüdische und arabische Bevölkerung zog es vor, angesichts der zahlreichen kriegerischen Auseinandersetzungen und der Unsicherheit ihrer

Lage, nach Granada und Malaga zu ziehen, wo sie unter islamischer Herrschaft lebten und mit der islamischen Welt verbunden waren. Das betraf ganz besonders den Handel in alle Welt. Die Mozaraber wiederum zog es gen Norden, wo die Lage sicherer war. Mozarabische Mönche gingen nach Katalonien und bauten christliche Klosterkirchen im maurischen Stil. In Katalonien ist die größte Zahl sogenannter vorromanischer Bauten in Europa erhalten. Charakteristisch ist die schmucklose Ziegel- und Backsteinfassade mit dem maurischen Bogen (Hufeisenform) auch als Mehrfachbogen, aber ohne den Wechsel zwischen verschiedenfarbigen Steinen.

MOZARABER

Als Mozaraber werden die christlichen Bewohner im islamischen Machtbereich bezeichnet, die sich in der Lebensform den neuen Herren anpassten, eine spezielle Steuer bezahlten, aber in eigenen Wohnvierteln mit eigener Rechtsprechung und Verwaltung lebten. Sie arabisierten sich mit der Zeit, vor allem in den Städten, wo sie in der Verwaltung für die Araber arbeiteten. Man darf nicht vergessen, dass sie anfangs in der Mehrheit waren. Viele konvertierten zum Islam, aber mit der Reconquista wurden die Auseinandersetzungen schärfer.

Ab dem 12. Jahrhundert herrschten islamische Berber, die intolerant waren, Repressionen ausübten und den Übertritt zum Islam erzwingen wollten. Zum Teil wurden die Mozaraber nach Marokko umgesiedelt. So kam es, dass immer mehr Mozaraber gen Norden auswanderten. Sie brachten die arabische Kultur mit und stellten eine Verbindung zwischen lateinisch-christlicher und muslimisch-arabischer Kultur in den nordspanischen Königreichen her. Dabei übten sie einen erheblichen Einfluss auf die Volksdichtung bis nach Südfrankreich aus.

Bei der Auflösung des Kalifats von Cordoba (Anfang des 11. Jahrhunderts) bildete Granada zusammen mit Malaga ein teilunabhängiges Emirat unter Herrschaft einer tunesischen Berberdynastie. Granada - das hieß auf arabisch 'Hisn ar-ruman' – Granatapfelburg. Im 11. Jahrhundert wurde angefangen, auf dem Alcazaba-Hügel die Stadtanlage auszubauen. Es waren Friedenszeiten in Granada. Die Einwohnerzahl wuchs. Der Aufstieg der Stadt zur reichsten Stadt Spaniens gründete sich auf das wirtschaftliche Potential und das handwerkliche und kaufmännische Können gläubiger Moslems und Juden, die nach 1248 aus den christlich eroberten Städten hierhin flüchteten.

Granada entwickelte sich in der Folge zum Kulturzentrum, das Architekten, Dichter, Historiker und Astronomen anzog. Es war ein zentraler Handelsplatz. Die Luxusgüter weckten die Begehrlichkeit der christlichen

Nachbarn. Im 13. und 14. Jahrhundert wurde die Alhambra ausgebaut, die eine der größten Sehenswürdigkeiten Europas ist. Es ist eine typisch mittelalterliche Burg mit einer befestigten Oberstadt, in der die Herrscher sich noch einen weiteren Rückzugsbereich, die Zitadelle, angelegt haben. In der Oberstadt wohnten Adlige, Soldaten und hochstehende Bürger, insbesondere Kaufleute, Waffenschmiede und andere wichtige Handwerker. Die Zitadelle wird als Alcazaba bezeichnet, während die Gesamtanlage Alhambra heißt.

Nach der Eroberung Granadas haben die Christen – genau wie in Cordoba – ihre Macht demonstriert und in das Kunstwerk hinein einen gotischen Klotz gestellt. Immerhin erkor König Ferdinand die Alhambra zu seiner Residenz, um von dort aus die Säuberungen anzuleiten. Dadurch blieb sie im wesentlichen erhalten.

Eine interessante Episode spielte zur Zeit Mohammeds V. (1354–91), der die Alhambra vollendete. Ein Konkurrent Mohammeds hatte gegen ihn geputscht, so dass er flüchten musste. Der christliche König der Kastilier, Pedro aus Toledo, genannt 'der Grausame' oder 'der Gerechte' schickte einen gedungenen Mörder, weil ihm der islamische Mohammed V. auf dem Thron lieber war als sein christlicher Verwandter. Man verstand sich unter Herrschern, auch wenn die Religion unterschiedlich war. Pedro (oder Peter) war der König, der den Alcazar von Sevilla erbauen ließ. In Toledo brachte ihn sein Nebenbuhler eigenhändig um.

ISLAMISCHE KULTUR IN EUROPA: SIZILIEN

Sizilien gehörte zum Byzantinischen Reich, als die ersten arabischen Angriffe im 7. Jahrhundert stattfanden. Ab 711 setzten sich Muslime an den Küsten Sardiniens fest, aber die vollständige Besetzung der Insel dauerte von der Eroberung Palermos (831) bis zum letzten Stützpunkt Rometta (965) mehr als hundert Jahre.

Unter den Arabern florierte die Landwirtschaft und wurde auf den Export ausgerichtet, ebenso das Handwerk in den Städten. Mit etwa 300 Tausend Einwohnern hatte allein die Hauptstadt Palermo damals mehr Einwohner als alle Städte Deutschlands zusammen. Der muslimische Bevölkerungsanteil auf der Insel machte zu Beginn des 11. Jahrhunderts rund 50 Prozent aus, wobei Araber zumeist den Norden um Palermo und Berber überwiegend den Süden um Agrigent dominierten.

NORMANNEN

Germanische Stämme aus Skandinavien eroberten große Gebiete Europas und machten Raubzüge (vor allem zur Versklavung), die als Wikingerzeit (800 bis 1100) in die Geschichte eingegangen sind, weil sie oftmals auf dem Seeweg kamen. Nach Eroberung der Normandie (dem Land der Nordmannen) zogen einige weiter bis zu den süditalienischen Festlandsprovinzen und Sizilien. Der Normannenführer Robert Guiskard ließ sich Herzog von Apulien nennen. Die Normannen nahmen sehr schnell die attraktive Kultur und Lebensart der Araber an.

1091 war die arabische Herrschaft schon wieder beendet, die Normannen hatten die gesamte Insel Sizilien den Arabern abgekämpft. Obwohl Italien und das normannische Tarent ab 1095/99 zum Ausgangspunkt der Kreuzzüge wurden und die sizilianischen Muslime ihren Glaubensvorschriften entsprechend vor nichtislamischer Herrschaft hätten emigrieren müssen, blieb die muslimische Bevölkerung auch unter den Normannen im Land. Ihr König beheimatete den berühmten Geographen Sharif al-Idrisi und den Dichter Mohammed ibn Zafar.

Seit der Eroberung Siziliens durch die Normannen bis zum Herrschafts-Ende der Staufer 1266 wurde alles von den früheren moslemischen Herrschern übernommen, Sprache, Architektur, Musik, Dichtung und Wissenschaften, sogar die Kleidung und auch das arabische Kredit- und Steuersystem. Die Muslime wurden zunächst toleriert, bald aber diskriminiert und verfolgt, ihre Moscheen wurden zerstört oder zu Kirchen umgewandelt. 1189 zerbrach das friedliche Nebeneinander, die muslimische Elite wanderte aus. Die übrigen Muslime zogen sich zurück oder verschanzten sich in den Bergen, wählten einen Emir und versuchten den Aufstand.

1194 begann die Herrschaft der Staufer. Um die Aufstände zu brechen, ließ Kaiser Friedrich II. (1215-1250) ab 1224 Muslime von Sizilien deportieren und errichtete mit ihnen eine militärisch organisierte Kolonie in Apulien: Lucera, etwa 20 Kilometer von Foggia entfernt.

Er schrieb: "Die Insel war ein Teil Europas, zwischen Abendland und Morgenland der Nabel beider, in dem diese Aufrührer wie Läuse irritierend juckten. Ich räumte sie aus, tötete aber die Muslime nicht, die in den Kämpfen überlebten".

Diese Stadt förderte er, gewährte Autonomie und verhalf dem Islam in Italien zu einer besonderen Hoch-Zeit. Seine Einwohner waren Friedrich ergeben. Lucera hatten 16 Tausend muslimische Deportierte aufgebaut, wenige Jahre später (1250) gab es schon 60 Tausend muslimische Einwohner. Friedrich II., der mit der arabischen Sprache aufwuchs, berief Wissenschaftler aus Bagdad an seinen Hof, ebenso Musiker und Dichter. Friedrich umgab sich mit einer muslimischen Leibwache. Er war so stark arabisiert, dass ihn Papst Innozenz beschuldigte, ein verkappter Moslem zu sein. Sein Kreuzzug nach Jerusalem brachte den Papst noch mehr gegen ihn auf, denn statt Krieg zu führen, verhandelte Friedrich mit den Moslems und verbrachte seine Zeit mit philosophischen Diskussionen. Später verfasste er ein Buch mit Fragen an den andalusischen Philosophen Ibn Sabin, das als 'Sizilianische Fragen' veröffentlicht wurde.

Er förderte die Ärzteschule von Salerno und gründete 1224 nach dem Vorbild der andalusischen Studienzentren die Universität von Neapel. Unter dem Schutz einer königlichen Verfassung bot die Universität orientalische Studien an, an denen sogar Thomas von Aquin teilnahm. Friedrichs Sohn Manfred, ein Meister der Geometrie, führte die Politik seines Vaters fort. Seine liberale Haltung gegenüber den Moslems an seinem Hof brachte ihm und seinem Bruder Konrad einen päpstlichen Bann ein. Daran scheiterten sie und verloren das Königreich Sizilien an einen Franzosen.

FRIEDRICH II. – MANN AUS APULIEN

Der Staufer-Kaiser Friedrich I. Barbarossa verheiratete seinen Sohn mit der normannischen Erbin Siziliens. Jedoch mit 31 Jahren starb dieser Thronfolger. So wurde Barbarossas Enkel Friedrich II. mit 3 ½ Jahren sein Nachfolger. Seine Mutter war nicht nur deutsche Kaiserin, sondern auch Königin von Sizilien. Sie ließ ihren Sohn von einer

Patin erziehen, die alles Deutsche hasste. Er erhielt eine christlich-muslimische Erziehung. Mit 14 Jahren war er volljährig und wurde mit einer ungarischen Königswitwe aus spanischem Adel verehelicht. Gegen den Welfen Otto IV. setzte er seinen Titelanspruch mit 20 Jahren durch und ließ sich in Aachen krönen. 1220 bekamen er und seine Frau Konstanze vom Papst die Kaiserkrone aufgesetzt. Er war 25 Jahre alt und kehrte nach Sizilien zurück.

Er sprach fließend Griechisch, Latein, Provenzalisch und Arabisch, einigermaßen Deutsch und schrieb Gedichte in der italienischen Volkssprache Dantes. Er war von unersättlicher Neugier und ein genauer Beobachter, bediente sich des naturwissenschaftlichen Experiments zum Erkenntnisgewinn (in der Nachfolge von Aristoteles und noch vor Roger Bacon) und war mathematisch interessiert. Sein Buch über die Beobachtung von Vögeln, Tieren und Menschen ist ein Kulturschatz.

Friedrich II. holte Gelehrte an seinen Hof, insbesondere aus Spanien, und diskutierte mit ihnen. Er war Skeptiker gegenüber der Kirche und stark von Avicenna und Averroës beeinflusst. Er entmachtete den Adel und schuf einen Zentralstaat Sizilien mit bürgerlichen Beamten, die nur ihm verantwortlich waren. Es war ein absolutistischer Staat, dessen Verfassung er in seinem Gesetzgebungswerk 'Konstitutionen von Melfi' festlegte. Friedrich hatte eine autoritäre und grausame Seite, die ihn auch gegen Freunde und das eigene Kind brutal zuschlagen ließ. Er wurde vom Papst gebannt, weil er sein Kreuzzugsgelübde mehr als ein Jahrzehnt lang nicht erfüllte. 1227 zog er los, wurde krank und machte stattdessen eine Kur. 1228 brach er endlich auf und verständigte sich mit dem ägyptischen Sultan, der ihm Jerusalem kampflos überließ, weil sie sich gut verstanden. Er krönte sich selbst zum König von Jerusalem.

Der Papst führte zum erstenmal in der Kirchengeschichte einen eigenen Angriffskrieg (zur Eroberung des Königreiches Sizilien), den er jedoch jämmerlich gegen Friedrich verlor. Letztlich erwies sich der Papst als stärker, denn nach Friedrichs Tod zerfiel dessen sizilianisches Reich. Lucera war dem Papst ein Dorn im Auge. Er sorgte für die Zerstörung der Stadt im Jahre 1300. Die Einwohner wurden massakriert. An Stelle der Moschee entstand eine Kathedrale.

FANATISMUS

Dieses Buch entstand auf dem Hintergrund zunehmenden religiösen Hasses, der fatal an frühere Zeiten erinnert. Er wird nicht nur von islamisch-fundamentalistischer Seite geschürt, sondern auch von katholischen Fundamentalisten und von protestantischen US-amerikanischen Sekten. Nicht jeder Jude ist ein verbohrter Orthodoxer, nicht jeder Moslem ein Islamist namens Ben Laden, nicht jeder Christ ein Pius-Bruder. So ist auch der Sieg einer christlichen Partei bei Parlamentswahlen nicht gleichbedeutend mit Krieg gegen den Islam und umgekehrt. Eine tunesische islamische Partei bedeutet nicht zwangsläufig Raketen auf Israel. In der islamischen türkischen Welt wurden Juden nicht in Gaskammern geschickt.

Problematisch allerdings bleibt in allen Fällen die Verbindung zwischen Religion und weltlicher Macht. Das Dominieren und Diskriminieren Andersgläubiger geht damit einher. Nur ein laizistischer Staat, der Religion konsequent zur Privatsache erklärt, kann den öffentlichen Raum befrieden. Alle Parteien, die sich im Kampf um politische Macht religiös positionierten, waren und sind intolerant. Deutschland hat bis heute nicht einmal den Anspruch, (christliche) Kirche und Staat getrennt zu haben. Frankreich tut nur so, denn in Wirklichkeit ist zum Beispiel das französische Erziehungswesen stark katholisch bestimmt. Im Primarbereich dominieren katholische Schulen und werden vom Staat finanziert. Es wäre an der Zeit, dass ein Nachfolger Montesquieus den Blick von außen auf Europa wirft, um die europäische Hybris bloß zu legen.

Überall auf der Welt wird - sogar mit Kriegen - versucht, das europäische Demokratiemodell durchzusetzen, das nachweislich zu den schlimmsten Katastrophen der Menschheitsgeschichte in zwei Weltkriegen geführt, faschistische Regime ermöglicht und ungeheuerliche Umweltprobleme erzeugt hat. Als ob Demokratie erreicht wäre, wenn wir zwischen Szylla und Charybdis zu wählen hätten, diesen beiden Felsen in der Straße von Messina, die von einem Meerungeheuer bewacht wurden. Es war einerlei, ob man links oder rechts durch die Meerenge fahren wollte, weil das Ungeheuer beide Seiten bewachte. So wie es heute einerlei ist, ob wir links oder rechts wählen, denn die ökonomische Krise müssen wir so oder so ausbaden. In Krisenzeiten wird nach dem Schuldigen gesucht, auf den der Zorn abgelenkt werden kann. In den dreißiger Jahren des 20. Jahrhunderts wurde aus der Kritik am Kapitalismus die Kritik am Kapitalisten gemacht, die in die Verfolgung des reichen Juden umgebogen wurde. Er wurde als Fremder denunziert, der sich eingenistet hatte. Auf dem Fremdenhass beruhten die Wahlerfolge Hitlers ebenso wie die der heutigen Populisten. Damals ging es gegen die Juden. Die meisten Fremden sind heute die Moslems. Die Legitimationsideologie sind sogenannte christliche Werte. Es werden neue Fronten aufgebaut, die Vertreibung und Vernichtung wieder akzeptabel machen. Abgelenkt wird damit von der Tatsache, dass die gesellschaftlichen Probleme ganz woanders liegen. Die ökonmische Krise ist auch eine gesellschaftliche Krise der Werte, die zur Zeit von islamischen Gesellschaften am meisten in Frage gestellt werden. Die westliche Hegemonie unter Führung der USA wird mit allen Mitteln, auch kriegerischen, verteidigt. Präsident Obama sorgte unlängst dafür, dass eine neue Angriffslinie gegen China aufgebaut wird. Der Rückzug aus dem Irak und Afghanistan dient der Vorbereitung eines Krieges gegen den Iran.

Deutschland ist daran beteiligt, exportiert Waffen in Krisengebiete und beteiligt sich an kriegerischen Einsätzen in Afghanistan und vor Somalia. Der frühere deutsche Staatspräsident Horst Köhler hat vertreten, dass deutsche Interessen militärisch verteidigt werden müssten, ohne sich der Tragweite seiner Position bis heute jemals bewusst geworden zu sein: "Meine Einschätzung ist aber, dass insgesamt wir auf dem Wege sind, doch auch in der Breite der Gesellschaft zu verstehen, dass ein Land unserer Größe mit dieser Außenhandelsorientierung und damit auch Außenhandelsabhängigkeit auch wissen muss, dass im Zweifel, im Notfall auch militärischer Einsatz notwendig ist, um unsere Interessen zu wahren, zum Beispiel freie Handelswege, zum Beispiel ganze regionale Instabilitäten zu verhindern, die mit Sicherheit dann auch auf unsere Chancen zurückschlagen negativ durch Handel, Arbeitsplätze und Einkommen. Alles das soll diskutiert werden und ich glaube, wir sind auf einem nicht so schlechten Weg. [...] Es wird wieder sozusagen Todesfälle geben. Nicht nur bei Soldaten, möglicherweise auch durch Unfall mal bei zivilen Aufbauhelfern. [...] Man muss auch um diesen Preis sozusagen seine am Ende Interessen wahren." zitiert nach Wikipedia 12.12.11

Der Bürger in Uniform ist abgeschafft, die Parole 'Nie wieder Krieg' gehört der Vergangenheit an. Deutschland hat eine Berufsarmee, die auf Angriff umgerüstet wird. Adel, Kirche, Militär und Kapital kämpfen vereint für unsere Freiheit und Arbeitsplätze.

Helm ab zum Gebet.

LITERATUR

EINIGE AUSGEWÄHLTE VORSCHLÄGE ZUM THEMA
(OHNE ANSPRUCH AUF VOLLSTÄNDIGKEIT)

Gabriel Audisio, Die Waldenser. Die Geschichte einer religiösen Bewegung, München 1996

Philippe Aziz, Mahomet, le glaive, l'amour, la foi (570-632), Paris 1997

Lothar Baier, Die große Ketzerei, Verfolgung und Ausrottung der Katharer durch Kirche und Wissenschaft, Berlin 1991

Gerd Blum, Giorgio Vasari, Der Erfinder der Renaissance, München 2011

Peter Burke, Die Renaissance in Italien, Berlin 1984

Fernand Braudel/Georges Duby/Maurice Aymard, Die Welt des Mittelmeeres. Zur Geschichte und Geographie kultureller Lebensformen, Ffm 1990

Maurice Druon, Der Fluch aus den Flammen, Roman, Ffm 1984

Lion Feuchtwanger, Die Jüdin von Toledo, Roman, Berlin 1954

Agnes Heller, Der Mensch der Renaissance, Köln 1982

Gerhard Herm, Karl der Große, Düsseldorf 1987

Arnold Hottinger, Die Mauren, Arabische Kultur in Spanien, Zürich 1995

Sigrid Hunke, Allahs Sonne über dem Abendland, Stuttgart 1960

Günter Kettermann, Atlas zur Geschichte des Islam, Darmstadt 2001

Tania Kinkel, Die Löwin von Aquitanien, Roman, München 1991

Gudrun Krämer, Demokratie im Islam, München 2011

Amin Maalouf, Der Heilige Krieg der Barbaren, München 1996

Mahmood Mamdani, Guter Moslem, böser Moslem. Amerika und die Wurzeln des Terrors, Hamburg 2006

MSM, Julie Roux, Anne Brenon, Les Cathares, Vic-en-Bigorre 2000

Museum für Völkerkunde Hamburg, Das gemeinsame Haus Europa. Handbuch zur europäischen Kulturgeschichte, München 1999

Orhan Pamuk, Rot ist mein Name, Roman, München 2001

Henri Pirenne, Mahomet et Charlemagne, Paris 2005

Frank Schätzing, Tod und Teufel, Roman, Köln 2009

Werner Sombart, Liebe, Luxus und Kapitalismus. Über die Entstehung der modernen Welt aus dem Geist der Verschwendung, Berlin 1983

Horst Stern, Mann aus Apulien, Hamburg 2005

Bassan Tibi, Die fundamentalistische Herausforderung. Der Islam und die Weltpolitik, München 1993

Wiebke Walther, Die Frau im Islam, Leipzig 1980

Françoise Xenakis, O Mann, Cleopatra. Wie eine ägyptische Göttin unter das Patriarchat fiel, München 1987

Wir brauchen neue Vorstellungskraft,
eine neue Definition von der Bedeutung des Fortschritts,
eine neue Definition von Freiheit, Gleichheit, Zivilisation und Glück auf Erden.

Die Zeit des uneingeschränkten Individualismus ist vorbei.
So wie die Dinge aussehen, wird etwas geschehen.
Europa ist nur der Anfang.

Arundhati Roy, ZEIT, 15.12.2011

Livres imprimés sur des papiers labellisés
F S C
- Certification garantissant une gestion durable de la forêt -
Achevé d'imprimer sur les presses du
Centre Littéraire d'Impression Provençal
Marseille - France
www.imprimerieclip.fr
N° d'impression 12031279